最期はひとり

80歳からの人生のやめどき

上野千鶴子　樋口恵子

マガジンハウス新書
017

はじめに

上野千鶴子

わたしには、このひとに何か頼まれたら何をさしおいても駆けつけるというグレイト・レイディズが何人かいらっしゃる。そのおひとりが、樋口恵子さんである。

樋口さんとは何度もシンポジウムや座談会でご一緒したが、考えてみたら、対談をしたことがないことに気がついた。その樋口さんからお声がかかったのだから、一も二もなくお引き受けした。

テーマは「人生のやめどき」だという。樋口さんは御年88歳、わたしはそれより16歳若い。人生100年時代に、わたしなどは、まだ高齢者ビギナーだが、畏友春日キスヨさんの言う、人生の最期に待っている「ヨタヘロ期」こと、「ヨタヨタヘロヘロ期」に、樋口おネエさまは足を踏みいれているらしい。自分より少し先を行く先輩の背を見て育ってきた者としては、この際、膝詰めで樋口さんのホンネを聞いてみたいと思った。このチャンスを逃す手はない。

それも樋口さんが老後を迎えて建て替えたご新居で。おひとりさまの在宅派であるわたしに、樋口さんは最期は施設か自宅か、「決められないわね」と言を左右にしてきた。どちらを選んだひとたちにも配慮した発言だと思うが、80歳を超してから、ご本人がここなら入ってもよいと思われる有料施設の入居金に充当する蓄えを放出して、いまや寿命の尽きた都内の庭付き一戸建てを改築するという大決断をなさった。それでわたしは樋口さんに会うたびに、こう言うようになったのだ。「樋口さんもついにルビコン川を渡りましたね。これで施設派へは引き返せません、在宅死のお覚悟はできましたか?」と。

その在宅の環境もこの目で拝見したかった。エレベーター付きの二
手入れのよい前庭から通りを歩くひとの気配が伝わり、玄関脇の緑が

間に介護ベッドを置いてヘルパーさんに出入りしてもらえば、要介護生活も快適だろう。

「人生のやめどき」というが、樋口さんはちっとも人生をやめる気なんかなさそうだ（笑）。わたしよりずっと貪欲で、エネルギーにあふれている。わたしも「やめどき」を語るには、ちと早いような気もする。だが、「やめどき」をネタに、かねてより樋口おネエさまに聞いてみたいことがたくさんあった。やめどきは、始まりのときをふりかえることでもある。

女にとって激動の時代を、少しの時差で生きたふたりの女には、尽きない話のタネがあった。

それだけではない。もしかしたら、もしかしたら、樋口さんは、ご自分の頭や記憶力がたしかなうちに、わたしとさしで話しておこうと思われたのかもしれない。たぶん二度とない機会だと思ったから、わたしもずいぶんつっこんだ話をした。

結果として、「料理のやめどき」「クラス会のやめどき」から「家族のやめどき」、はては「人生のやめどき」まで。広く、深く、語りあうことができた。同時代に樋口恵子という大先達がいて、幸運だったと思う。ずっとこのひとの背を見て走って来たような気がする。

樋口さん、人生のやめかたも、しっかり見せてくださいね。

*

この「はじめに」を書いたのは、2020年、突如始まったコロナ禍初期の頃だった。それから3年余りが経って、版元が本書の増補版を新書で出したい、タイトルは『最期《さいご》はひとり 80歳からの人生のやめどき』に変えたいという。

88歳だった樋口さんは91歳の誕生日を迎え、高齢者ビギナーだったわたしも後期高齢期を目前とする身となった。はてさて、わたしたちふたりの状況および心境に、どのような変化があっただろうか。そのあたりのことは後半で語っている。

最期はひとり

80歳からの人生のやめどき

◎

目次

II　つきあいのやめどき

2020年5月収録

88歳の樋口 VS. 72歳の上野

I　家族のやめどき

強い親も弱い親もそれなりにはた迷惑

上野　先日、ある子育て雑誌のインタビューで、最後に極めつけの質問をされたんです。どんな質問かというと、「上野さんにとって、親とは？」。まったく予期していなかったので驚きました。それで、思わず口をついて出た自分の言葉にさらに驚いた。「はた迷惑です」って言ったの（笑）。

その言葉がそのまま誌面に掲載されたものだから、読んだ人からどれだけ批判がくるかと予期したら、これまたびっくりするくらい反発が少なくて。逆に多かったのが共感の声。若い母親の読者から「子どもにとってははた迷惑にならないような人生を送ります」とかいう感想が寄せられたりして面くらいました。

樋口　私にしても両親への愛情もあれば感謝の気持ちもあるけれど、確かに父も母も「はた迷惑」ですよ、私にとっても。

上野　ですよね。強い親も弱い親も、それなりに。

樋口　うちの娘もそう思っているに違いないわ。なぜなら上野さんほど有名ではないけれど、テレビに出たりして、それなりに顔が知れてるし、ちょっとかさばる、娘からしたら私も悪目立ちする親ですから（笑）。

上野　どこへ行っても樋口さんのお嬢さんって言われますよね。

樋口　でも、娘はそのわりには苦情も言わずによく育ってくれました。娘が思春期のときに、私がパートナーと事実上の再婚をしたのは、本当は娘にとって嫌なことだったと思う。それでもとりたててグレもせずに育ってくれて。感謝しています。

上野　樋口恵子の娘という看板を背負うと、グレられないですよ。

樋口　嫌なことがあったとしても眉一つ動かさず、友だちをしっかりとつくって、別に偉くもならなかったけれど、放射線診断医という専門分野で働いています。

上野　ご立派です。健気だわ。

親が死んでからわかることがある

上野　あとになってから親のことがわかる、ということもあります。私の父は金沢の町医者で2001年に86歳で亡くなりました。生きているときはとんでもないワンマンで典型的な日本の亭主関白。暴君で癇癪《かんしゃく》持ちで社会性がない人間だと思っていましたが、葬式に来てくれた父の患者さんたちは知的で聡明な人ばかり。お父さん、あなたはこういう人たちに選ばれていたのね、って初めて職業人としての彼を見直しました。

樋口　上野さんの父上が、へんてこりんな男であるはずはないけれど。

上野　職業人としては立派でも、家庭人としては最低でした。そんなものでしょう？だから、はた迷惑だったんです。

樋口　やっぱり、はた迷惑が親の特権ね。

上野　ちなみに、愛情って夫に対するものと子どもに対するもので全然違いますけど、親への愛情と子どもへの愛情も違うもののようですね。

樋口　まるっきり違う！

上野　わたしは、ご存じのようにおひとりさまで、ずっと子どもサイドにいた人間なので、親がわが子を思う気持ちというものを経験していないんですけど。親業、とりわけ母親業って、いつ卒業するものなんですか？

樋口　わが家などは、私と娘とで盛大な喧嘩をしょっちゅうしますから、仲の悪い親子のサンプルみたいなものですけれど、やっぱり子どもって特別なものですからね。幼いときはもちろんですが、今でも娘に何かあれば、身を挺《てい》してかばいますよ。

上野　ということは、母親業に卒業なんてないと？

樋口　ないですね。死ぬまでない。

ほら、豊臣秀吉は晩年、年老いてからできた秀頼可愛さに、甥《おい》の秀次とその一族を殺戮《さつりく》して醜態をさらしたでしょう？　自分の死を悟ったときも、五大老・五奉行に「秀頼を頼み参らせ候」と伝えたりして。私も、死の間際に何を言ってもよかったら、枕元にいる人に「くれぐれも娘をよろしくお願いいたします」と言って死ぬと思う。

子どもの卒業式が親業の卒業式

上野　聞いていいですか？　母として、結婚も出産もしていない娘に対する不安ってありますか？　晩年に醜態をさらした秀吉は、息子がまだ一人前になっていなくて、それで死の間際に「よろしく頼む」と言ったわけでしょう？　とすると、娘が家庭をつくって子どもがいたとしたら、そうは思わないものなんですか？

樋口　どうでしょうね。家庭をつくってるかどうか、子どもがいるかどうかは、そう関係ない。いずれにしても娘は娘。孫なんぞより娘のほうが可愛いでしょうね。私には孫がいないから実際のところはわからないけれど。

上野　そういえば、以前、河村都さんに頼まれて『子や孫にしばられない生き方』（産業編集センター／2017年）に書いた推薦文が「孫より子どもが大事。それよりもっと自分が大事。おひとりさまの自由を手放さない新世代の祖母たちが登場した」というものでした（笑）。

樋口　はい、おっしゃる通り。

上野　一方で、わたしがずっと気になっているのは、障害のある子どもを持つ親たちの老いの問題なんです。障害のある子どもの親たちの最大の懸念は、さっき樋口さんがおっしゃったように「この子を頼む」、つまり、親亡き後の子の行く末です。死んでも死にきれない思いを持っておられるだろうなと。じゃあ、いわゆる健常な子どもを持つ親たちはどうなんだろうかと思って、「あなたがこの子を置いて死ねないと思うのはいつまでですか?」と聞いてまわったことがあるんです。

樋口　私は、さっさと死ねますよ。

上野　ということは、さっきの「娘をよろしく」と言うのは、なかばギャグ?（笑）

樋口　一応、娘を育てあげましたからね。逆を言うと、就職するまでは子どもを置いて死ねなかったと思います。まあ、私が死んだって娘は学校を卒業できるかもしれませんが、一人前にするまでが親の役目だと思っていましたから。だから、卒業式はうれしかったわよ、本当に。

上野　じゃあ、子どもの卒業式が親業の卒業式と言っていいですか?

樋口　というより、もうこれで私がどこで死のうと、これから先は本人の力だという感じかな。

上野　お金も、もう出さなくて済むし。

樋口　そう。月謝も払わなくていいし。

上野　子どもを産んだ女友だちには、「よかったわねえ、生きてく理由ができて」って言うんですが、その賞味期限がいつまでか、と。死ぬまで親はやめられないという人もいるけれど、なかには出産の場で身二つになった瞬間に、この子は私とは別の命だ、私がいてもいなくても生きていくと思ったという見事な女性もいました。

樋口　そうね、私の場合、そういう意味では、娘が学校を卒業したときがそのときだったといえるかもしれないわね。

愛されなかったという恨みにやめどきはない

樋口　ちょっと話はずれるかもしれませんけれど、上野さんも私も長らくメディアの人生相談をやらせていただいていますが、しばしばきょうだい間の差別についての相談が寄せられます。その相談者というのが、70代だったり、80代だったりと結構な高齢。そんな年齢になっても、親から差別されたという意識が残っているの。つまり、子の側から見たときの「子どものやめどき」っていうのかしら。いつまで経っても親から愛されたいと思う気持ちがなくならない、そういうのは、どうしようもないんですかね？

上野 結局、親がケリをつけずに死んでしまうから、恨みが残るんでしょうね。でも実際、子どもを平等に愛している親なんて、ほとんどいないですよね。

樋口 絶対にいない。私はひとり娘の母でよかったとつくづく思います。私はそれなりに「博愛衆ニ及ホシ（広くすべての人に愛の手を差し伸べよう）」と思っている人間ではあるけれど、結果として好き嫌いもある人間です。他人様なら好き嫌いを見せても許されるかもしれないけれど、わが子に対しては許されません。だからひとり娘の親であったことに感謝しています。もし、ふたり、三人いたら、自分と気の合うほうとか、器量のよいほうとか、偏差値の高いほうとかに、より愛を注いだかもしれませんから。

上野 娘と息子が両方いるわたしの同世代の女たちは息子大好きで、「どうしても娘のことが好きになれないのよね」とわたしに向かって言うんだけど、そんな言葉を発する母親の気持ちって、絶対娘に伝わっていると思うから、ぞっとします。

樋口　私の父は兄を偏愛していて、まわりの人たちが、父が私に冷淡であることを心配するほどだったの。でも、私はあんまり傷ついていないんですよ。なぜかというと、兄は男、私は女だから。女の子は女の子なりの愛され方があるんです。お稽古事だったり、きれいな洋服を着ることだったり。

上野　わたしも父には愛されましたけど、いわゆる無責任な「ペット愛」でした。父は、休む暇なく家事をする母に癇癪をぶつけ、兄と弟には将来を期待するのに、ひとり娘のわたしにはメロメロで、「チコちゃんは可愛いお嫁さんになるんだよ」と言って甘やかすという。尊敬できない人でしたけど、葬式の場で父の違う側面を知って父への思いが変化しました。

樋口　たとえペット愛でも可愛がってくれたことは事実だし。

上野　そう。死者も成長するんです。愛された経験はギフトでしたからね。だから、はた迷惑な親のまま親業をやめた親であっても、それはそれで価値はあります。

墓に入るか否かが最後の終活

上野　ところで樋口さんご自身は、樋口家の墓に入るんですか？

樋口　いやいや、私は、実家の柴田家の墓のほうよ。樋口家というのは、私の最初の夫の生家で、長野の旧家です。子孫が長野県中に散らばっているの。過去帳によると、平家の落人、樋口次郎某《なにがし》を先祖に、子孫は何百人もいると。

上野　そういうのは、だいたい経歴詐称だな（笑）。江戸時代には系図が売り買いされていたそうですよ。

樋口　その子孫のうち、樋口本家と別の二家の名門三家だけが入れる、山二つを使った墓地が長野の松本近郊にあるんです。山のまわりにはずらーっと鉄の柵がめぐらされていて、鉄の門をくぐるには、三家の元締めだけが持っている鍵で開けないといけない。入ると、山の中腹あたりに一番目の夫の敦と、その両親の墓があります。

上野　そうすると、二番目の夫はご自分の家の墓に入っているの？

樋口　彼は、自分の手で先祖代々の墓じまいをしたの。だけど、自分の骨は置いていっちゃった。だから、手元葬で私が持っていますよ。

上野　今でも？

樋口　そう。分骨して新しい考え方の合同墓に八分の一は納めてありますけど、残りは持ってます。

上野　それ、どうするんですか？

樋口　それが、これからの私の最後の仕事の一つね。コロナ騒動で動きづらいんですけど、夫と私が一緒に入る形で、子どもの負担にならない方法を考えています。私の最後の終活です。

　彼は口癖のように、「俺は自分の家のことは全部始末したから、おめえさんに迷惑をかけることなんか何もねえからな」って言ってたのに、自分のことを忘れて先に死んじゃった。骨の後始末はどうするのよと（笑）。

上野　遺書は書いておられなかったんですか？　骨はどこにとか。

樋口　自分の骨のことを、すっかり忘れちゃってたようよ。本人も。私もだけど。

上野　じゃあ、樋口さんはお墓を含めて終活が大仕事になるわけだ。なんのこだわりもないわたしからすると、なんて面倒なことをと思いますけど。

樋口　放っておけば、あとの人が困りますからね。

彼の骨が八分の一納まっている合同墓は、東洋大の学長だった故・磯村英一先生のお弟子さんが関係しているお寺が母体になっていて、宗教とか血のつながりに関係なく入れるの。ただ、入りたい人がいっぱいいるものだから、八分の一しかお骨を受け取ってくれないけれど。

上野　八分の一ってどこから出てきた数字なのかしら。でも、面白いと思うのは、体は分けられないけど骨は分けられますから、何人もの男性とつきあっても、それぞれのところに何分の一ずつ入ることができますね（笑）。

遺書に「散骨してください」

樋口　上野さんはお墓はどうなさるの？

上野　実家の墓が遠いので、兄が少し前に墓を移転したんです。それで新しく墓開きをした。その際兄はわたしにいっさいの金銭的負担を要求しませんでした。だから、お前はお前で考えるようにということとわたしは解釈して、そのようにエッセイに書いたところ、何かの拍子にそれを読んだ兄から「俺はこんなことは言ってない。お前も入れてやる」と連絡が来た。でも、わたしはお墓に興味がないんです。

樋口　入れてくれるって言うなら、そこに入ったほうがいいわよ。

上野　そんな見知らぬ墓に自分の骨があるというのもあまり気持ちよくないし、わたしは遺書に「散骨してください」と書いてあります。もちろん、散骨場所も指定して。時々、沖縄の美ら海《ちゅ》に散骨をとか依頼する人がいるけど、そんな面倒なことは頼みません。近場でオーケーです。

樋口さんは、パートナーの遺骨を散骨するのは忍びないですか?

樋口　結構面倒くさいらしいし、こちらの体力も衰えているもので。

上野　簡単ですよ。行った先の海とか山に少しずつ撒《ま》けば済みますから。散骨許可を得るとか、ややこしく考えなきゃいいんです。

そういえば、加納実紀代さん(女性史研究家/1940～2019年)、お亡くなりになりましたね。彼女は加納家のお墓の一角に夫と自分の名前から一文字ずつとって、「信実」という墓碑銘をつくられたそうです。死後も夫とともにって、家族の墓じゃなく夫婦の墓をつくられた。それがわたしにはわからない。よっぽど愛しあっていたのかもしれないけど、そんなふたりだけの墓碑銘をつくったら子どもは入れないし、死後まで一緒にいたいのかなあって。

樋口　ちなみに、上野さんは散骨場所としてどこがご希望?

上野　京都の大文字山の「大」の字に点を打つと「犬」という字になる場所があるんです。そこにわたしの死んだペット（愛鳥）を埋めました。だから、自分の灰もそこに撒いてほしいですね。散骨に関しては昔から友だちに頼んであって、そのくらいならやってもらえると思います。遺書も数年に一度バージョンを変えてます。人間関係も変わるし、男も変わりますから（笑）。

昔は50年といわれた年忌は今や……

上野　わたしの実家は金沢ですが、最近、葬式関係で驚くべきことがありました。うちの葬式に香典をいくら出してくれたか、何年も前からの記録が仔細《しさい》に残っていて、知人が亡くなるとその過去帳を見て、いただいた額に見合った香典を送る。びっくり仰天でした。

樋口　それが石川、富山、新潟あたりの特徴ですよ。よくぞ、そんな封建的な地域から上野さんが出てきたものだ。

上野　だから、わたしは逃げてきたんですってば。

樋口　私の知人に北陸の名士の息子さんがいるんですが、彼も、地元のお年寄りが亡くなると、曽祖父が亡くなったときの30年前の記録から香典の額を調べて、今の相場に換算して持参する金額を決めるって言ってましたっけ。

上野　それは北陸の風習かしら？　樋口さんは名古屋のご出身ですけど、そういう過去帳はありました？

樋口　名古屋は嫁入りが派手なのよ。私は兄とふたりきょうだいですけど、名古屋出身の父は兄のことを「坊」と呼んでいて、「坊の嫁は名古屋からもらう」と言っていたわね。

上野　名古屋ナショナリズムね。

樋口　違うのよ、嫁入り支度が豪華だから。

上野　そういうことか。

　年忌はどうですか？　年忌のやめどきは、昔は50年といわれましたけど、今はそこまでやる家族はいないですよね。30年忌もやらないくらい。

樋口　うちは、実家の柴田家の話ですけど、お寺が言ってきたので母の50年忌を少し前にやりましたよ。

上野　寺が言ってくるなんて管理が行き届いていますね。檀家ですか？

樋口　檀家というか、うちの墓があるお寺が都内にあるんですが、そこが言ってくるの。そんなときに「やりません」と言うのもちょっと勇気がいるので、「何月何日に知り合いの者が何人かまいりますのでよろしくお願いします」と言って、若干のお布施を包んで渡して。

上野　樋口さんの年忌は、娘さんがするんですか？

樋口　絶対、やりっこないから大丈夫（笑）。1年忌も3年忌も何もいらない。お墓の始末だけしてくれれば、それでいいです。娘自身は、「私は猫と一緒に樹木葬でいい」って言ってます。一代過ぎたらお墓の風景はかなり変わるでしょうね。

夫婦のやめどき

上野　夫婦の墓をつくる方がいる一方、一時「卒婚」という言葉が流行ったでしょう？　人生100年時代の今、若かりし頃にとち狂って選んだ相手と半世紀以上を過ごすなんて考えられないことじゃないですか。樋口さんはお幸せにもふたりの夫を無事に両方とも恨みっこなしで見送られたからよかったですけど。まわりを見ると、この人たち、どこかで家族を卒業したらいいのにと思う例がいっぱいあります。

樋口　そうね。夫婦のやめどきはあるのか、よね。私が知ってる労働組合の幹部同士のご夫婦はね、働いていたときは理想的に家事の分担ができていたんですって。ところが妻が定年になったとたん、一気にこれまでふたりの間にあったセオリーが変わってきたの。要するに夫は、妻が定年になったら家庭の仕事はすべて妻がするものだと思っていたらしくて。

上野　何、それ？

樋口　私も、そういう理屈があることを初めて知りました。要するに、今までは君も働いていたから俺も家事をしたけれど、今日から君は専業主婦なんだから全面的に家事をして当たり前と言うわけ。そこで妻は夫と三晩くらい徹底的に討論をして、それは間違っているということを言って聞かせてようやく今まで通りに収まったんですって。

上野　つまり、その男性の理屈だと、これまで妻は不完全な主婦だったと。それが定年を迎えて完全な主婦になるんだからということなのね。開いた口がふさがらない。自分だって定年退職者なのに。

樋口　まったく（笑）。同じ年数を働いてきているから、もらう年金もほぼ同額なのよ。

上野　とっても男らしい理屈ですね。

その話で思い出しました。わたしと同世代の元大学院生カップルで、当時、妻は学生結婚で子どもを産んで、ワンオペ育児でどんどん疲弊していったんです。そんなときに夫が「君は普通の女性以上のことをしようとしているんだから、家事も育児も普通の女性並みにできて当たり前だ」と言ったんですよ。これもすごい理屈でしょう？

樋口　すごい（笑）。

上野　妻がまた真面目な日本の女なものだから、彼の言葉に納得しちゃったんです。それで家事と育児を全部背負い込んで、そのうえ、大学院の勉強もあって、さらにどんどんやつれていって。わたしが忠告しようとしたら、夫のほうが「上野さん、親戚のおばさんみたいなこと、言わないでください。僕ら、うまくやってますから」と。そういう理屈が男のほうで成り立っちゃう、驚くべきことに。結局、妻は退学しました。どうかと思います。

労働組合運動や社会運動をやっている男性は夫としては最悪のことがあります。というのは、社会運動って正義とか大義のためにあるものじゃないですか。これが仮にモーレツサラリーマンだったら、「あなたがやっているのは、せいぜい会社の利益のためでしょう？」と言えるんだけど、社会運動をしている夫が走り回って家を顧みなくても、同じようには言えないというのを聞いたことがあります。
例えば、いわさきちひろさん（絵本作家／1918～1974年）の夫の松本善明さん（弁護士・共産党所属の元国会議員／1926～2019年）も、戦後最大の冤罪《えんざい》事件といわれた松川事件なんかを手がけたりして立派な人ですが、朝早く家を出て夜遅くまで帰らない。だから、ちひろさんが女家長で、両親や子どもの世話、家計の維持まで全部やって、もうボロボロだったらしいんです。で、ある日帰ってきた夫に「あなたが悪い」と言ったら善明さんは無邪気に「僕のどこが悪い？　だって、僕は一日中いないんだよ」って（笑）。

樋口　善明さん、何もしなくていいと思ってる。

上野　これもすごい理屈でしょう？　ちひろさんが立派なのは、それを聞いて唖然《あぜん》として思わず吹き出して終わっちゃったこと。

樋口　それで終わっちゃっていいのかしらね。

上野　そうなの。でも、愛があったからいいんでしょう。

樋口　男の人って必要なときに出てきて、面倒くさいときにすーっと引っ込んでくれる幽霊のような存在が、一番いいかもね。男にとっての女も同じかもしれないけれど。

上野　樋口さん世代の夫婦で、妻が夫に敬語を使っている家庭はありますか？

樋口　ほとんどないと思う。

そういえば、松本清張さんの『砂の器』という小説があるでしょう？　あのなかにハンセン病のことが出てくるから少し前に読んだんですが、妻が夫に使う言葉は敬語ばかりでした。

上野　小説の時代設定は何年頃でしたっけ？

樋口　60年代ね。だから、私よりも上の世代。

上野　わたしの世代も、周囲の学生に聞いても、妻が夫に敬語を使っている家庭はゼロでした。

樋口　そのあたりはずいぶん変わりましたね。もっとも、うちの両親はふたりとも明治生まれなので、母は父に向かって「お父さま何になさいますか？」でしたけどね。

上野　それが今ではまったく消えてなくなった。

樋口　そう考えると、嫁と姑の仲が悪いのは当たり前よね。自分は夫に敬語を使っていたのに、どこの誰とも知れない女が、自分の大事な息子に向かって「あんた、何してんの」って言うんだもの。

上野　そこが、娘の母と息子の母で全然態度が違うんですよ。息子の母だと「嫁があんなふうで、息子がかわいそう」とか言って怒るのに、娘の母だとそうでもない。

樋口　そうそう。私の小学校時代の同級生はやっぱり息子がかわいそうとか、嫁に威張られているとか、感じているわよ。ところが息子たちはというと、何かあれば決まって嫁サイドについて「ママが悪い」って言うって。同級生たちは嘆いています。

「いい嫁」は福祉の敵

樋口　今の話ともつながるけれど、私が書きたかったものの一つが「嫁哀史」なんです。日本全体の女性の地位と諸悪の根源は、やっぱり家制度、嫁の問題だと思う。いい嫁ぶると後々つらくなるんですよ、だからダメ嫁と思われるくらいがちょうどよろしい。

上野　そもそも、愛する息子を奪った女が「いい嫁」になれるはずがないですからね。

樋口　そうそう。姑はそんなにしてくれと頼んでいるわけでもないのに、独り相撲をとって、勝手に疲れ果てて病気になったりしてね。いい嫁であろうとすると、相手を放っておけなくなるのね。

上野　姑と嫁のいい関係について、「母と娘のようです」なんて言う人もいるけど、ムリがあります。

樋口　私の身近な女子集団の中に、姑歴50年くらいの人がいるの。彼女は、絶対に嫁の悪口を言いません。とにかく嫁とはずっと同居。それでいて相手に介入しないの。その姑さん、完璧に家事をやる人。

上野　そういうできた姑が介入しないで黙ってそこにいるっていうだけで、嫁にとってはプレッシャーですよ。わたしは耐えられないな。

樋口　ちょっと意地悪心で、彼女はいったいいつ嫁の悪口を言い出すんだろうって待ってるんだけど、全然言わない！　逆に、ことあるごとに褒めるんですよ。「うちのハルコさんはお料理が上手で」「うちのハルコさんはこんな言葉をかけてくれるの」「ハルコさんのご実家から電話があって、いついつハルコを貸していただけますかっておっしゃるの。そんなご両親に育てられたからハルコさんはよくできているんですわ」って。確かに、ハルコさんは器量もいいし、姑の友人とのつきあいも出ず入らずで、姑を差し置いて何かするようなこともないし、さりとて失礼に当たるようなことは絶対しないし、人に抵抗感を持たせない。よくできた人だと思います。でも、どんなにできのいい嫁でも、ずっと一緒にいるとどっかで文句は出るものだろうと思うんだけど、やっぱり出ない（笑）。

上野　賢い姑と賢い嫁が絶妙の距離をとりながら、お互いの悪口を言わずに半世紀過ごすって、考えただけでも胸が圧迫される思いです。ハルコさん、かわいそう。

樋口　でも、ハルコさんもストレスでやせて、なんてことはなくて、ふくよかで、穏やかで。これはどっちが偉いんだろうと思ってね。

上野　それにご実家が「ハルコを貸してください」とおっしゃるのも、ドキッとします。嫁にやるっていうのは、娘を他家にくれてやるという意識、すごいですね。それも嫁哀史の一例ですよ。

樋口　ハルコさんは、上野さん世代よ。

上野　わたしの世代の女たちは、結婚して都会に出てきた場合が多いから、核家族を築いているケースがすごく多いんです。ところが自分が産んだ子どもの数は少なくて、ひとりかふたりだったりするでしょう？　そうなると息子か娘を手もとに置いて、できたら同居してほしいと思ってるようです。そういうのを見ると、自分は嫁をやってこなかったくせに、何考えてるんだろうって思う。夫を完全に自分の側に引きこんで、親戚づきあいは妻方ばっかり。好き勝手にやってきた女が、息子は手放したくないなんて、どうかと思う。

そういえば樋口さん、以前、「いい嫁は福祉の敵」という名言を吐かれましたね。

樋口　そうそう。模範的な奥さまは、ボケた夫や嫁ぎ先の両親を自宅で介護して、あの世に送り届けなければ死ねませんでしたから。

上野　そういう真面目で責任感の強い嫁が、家父長制を再生産します。

樋口　やっぱり、「いい嫁は社会の足を引っ張る」ってことね。

二世帯住宅のやめどき

樋口　ただ、世の中、そんなにいい〝嫁〟ばかりではないのよね。〝嫁〟との仲の悪さを綴《つづ》ったご相談もたくさん見てきました。そのうちの一つを紹介しましょう。

何千万円もかけて二世帯住宅を建てたものの、嫁と折りあいが悪くて20年間いっさい口をきいていない、という例。たぶん、お金持ちなんでしょうけれど、そのお姑さんは嫁と顔を合わせたくないために早朝から夕方まで仕事に出ていて、帰宅して自分の部屋に行くと、何か物を盗られたと思うんですって。これは初期の認知症かもしれないけれど、とにかくそんな妄想があるらしい。それで息子が唯々諾々《いいだくだく》と部屋にカギをつけてくれて、それは解決したんだけれど、中学生の孫も一言も口をきいてくれない、嫁とも喋《しゃべ》らない、ご飯も一緒に食べないという。それじゃあいったい何のために同居しているのかと。

上野　世間体のために、じゃないですか。

樋口　私は財産関係だと思う。

上野　同居してると家賃はタダだし。でも、それは金に飽かせて子どもを支配しようとした母親が悪いですよ。

樋口　だから、本人もさっさと別居したほうがいいんじゃないかと悩んでいるわけよ。そんなふうになったのは何が原因かわからないけれど、今さら仲よくできるはずもないし、別居しかないわよね。

上野　というか、もう実質的に別居状態でしょ。だから、そのままでいいんじゃないですか。その人、どうしてほしいんですか？

樋口　嫁の態度が変わって、口をきいてほしいと思うんだけど、それは不可能ね。

上野　ですよね。長年のこじれが積み重なっていますから。

樋口　見ていると、どうしてここまで仲が悪いのに家族でいるんだろうと思うことが、世の中には山のごとくありますよね。さりとてやめることもできないから、そうやって相談してくるんだろうけど。

上野　家族であっても、顔を合わせずに済むなら上等ですよ。

子どもへの依存のやめどき

樋口　このご相談の場合は絶対的に親の負けね。だって、先に死ぬんだから。それならどうして二世帯住宅を建てる前に財産分与をして、自分ひとりで住まないのか、ですよ。なかなかそうはできないものだけれど。

上野　その母親は子どもに対する依存心が捨てられないんじゃないですか？　やっぱり長男が可愛いんですよ。だから二世帯住宅をつくったものの、嫁とはうまくいかないと。隣にいる息子夫婦とはいっさいつきあわない、いざというときに出入りして介護してくれるのは遠く離れた娘だったりする。そういう家族っていっぱいあるみたいですよ。

樋口　二世帯住宅での息子一家との同居は難しい。

上野　ですね。かつて自分が果たした嫁の役割と同じようなことを、次の世代の女もしてくれると期待していたわけでしょう？　それが一世代で、大きく嫁が変わったんです。それだけでなく、息子が嫁姑の間で母サイドについたら、夫婦関係は破綻しますよね。だから、息子が母親につかない分、息子も一世代で変わってしまった。そのことは、よかったと思いますが。

樋口　そうね。ひと昔前だったら母親についてましたね。

上野　わが家がそうでした。両親がうまくいかない原因の一つが気の強い姑の存在でした。加えて、父親がマザコン息子でしたから、妻と母が対立すると父親は決まって母につくんです。夫としては最低ですよね。そんな最低の父親の姿をわたしも兄も弟もじっと見ていました。そこから兄と弟のふたりは、こういうときは妻につかなきゃいけないと学習したんです。

歳月を経てふたりが結婚したあと、今度は母の愚痴がわたしに来ました。「私は不幸だ。夫には母につかれ、息子には嫁につかれ、私の側についてくれる人は誰もいない」って。「まあまあ、お母さん。それで息子たちの夫婦関係が保てているんだから、何よりじゃないの」と言ってなだめるのが、わたしの役割でした。親の世代を見て、学習効果はあったんです。

追い出されるか、置き去りか

樋口　小堀鷗一郎さんという在宅診療に携わる80代で現役の医師がいます。彼を追いかけたドキュメンタリー映画『人生をしまう時間』（下村幸子 監督／日本放送協会 製作／2019年）で、施設に入ることになった103歳のお母さんが登場しました。映画にはそれまで家でお世話をしてきた息子の妻がちらりと映っているんだけど、表情が乏しいの。一方の103歳のお母さんは、きちっとした存在感があって、「私がいなくなればみんなが幸せになれるから」というようなことを言う。小堀さんは「それを言える103歳は、あなたしかいませんよ」と言って、彼女を励ます。

おそらく70代であろう妻は、20代前半くらいで嫁いで以来半世紀ほどの間ずっと姑のそばで嫁をしてきたのだろうと想像できます。そうしてたぶん二、三人の子どもを育てあげ、夫とふたりだけの穏やかな老後が来るのを待っていた。ところが姑はいつまで経っても元気で、とうとう103歳にまでなった。追い出す形に見えるかもしれないけれど、最終的には施設に、という結論に至った。

お母さんの身になったら憐《あわ》れかもしれません。でも私は嫁を責めることもできないと思う。こういう場合はどうすればいいんですか?

上野　わたしだったら、103歳のお母さんを長年住み慣れた家から追い出すくらいなら、息子夫婦が家を出て、お母さんと世帯分離すればいいと思います。若いほうがどこかにマンションを借りるとかして。どうして、そういう選択をしないのか、理解できません。

樋口　おそらく、家の名義が息子になっているのでは?

上野　家の名義は母親でしょう。妻の相続分は優遇されていますから。老母が自分名義の家から追い出されるんですよ。それより70代の妻が「ふたりで家を出よう」と、夫に迫ればいいだけのこと。これまで夫が妻に耐えさせてきたわけですから。

樋口　置き去りにするのと、施設に入れるのと、どっちがむごいのか。

上野　置き去りのほうがマシです。だって、息子夫婦が出て行ったからといって、家族じゃなくなるわけじゃないし、マザコンの息子ならせっせとお母さんのもとに通えばいいんです。

樋口　それだと、お母さんとしては環境が変わらないですからね。でも、考えようによっては、置き去りにするほうがむごいわよ。

上野　それは近所の目があるからです。わたしは住み慣れた家から、まったく見も知らない施設にその年齢で出すほうがむごいと思う。本人に選ばせたらほぼ100パーセント、自分の家にいたいと言うと思いますよ。

樋口　今のところ、年老いた者が出ていくのが主流ですよね。若い世代に、自分たちが出るという発想がないと思う。それに、親を出すほうがお金もかからないし。

上野　103歳で自分の家を出なきゃいけないお母さんが気の毒です。

樋口　それにしても、親になるってことは覚悟がいるわね。100歳で置き去りというのも……。SDGs（Sustainable Development Goals：持続可能な開発目標）は、誰ひとりとして置き去りにしない社会をというけれど。

上野　追い出されるか、置き去りか二択なら、そりゃあ置き去りのほうがマシ。

お年寄りが「家にいたい」と言うのと、「家族と一緒にいたい」と言うのは、別なことだとわたしは確信しています。

わたしは圧倒的に年寄りの味方です。

介護のやめどきを選ぶ権利

樋口　家によってはすでに長男にすべて名義を移している場合もありますよ。

上野　相続の二分の一は妻、つまり、お母さんにありますから、分割したほうが相続税だって安くなります。年をとっても財産は自分で握っておくに限ります。

樋口　そうね。自分も取り分があるんだから、ちゃんと頂戴と言わなきゃダメね。

上野　結局、子どもが家を手放したくないという欲でしょう。自分たちがそこにいる生活を手放したくない。だから、お母さんを追い出すんです。いずれ母親が死んだら、母親名義の家は自分のものになるのにね。

樋口　私は、家を出てもいいと思うのよ。老人ホームが行きたくなるような場所になってほしいわけ。

上野　わたしは、最期まで家で、と言っています。

樋口　私は、有料老人ホームがハッピーランドの一つになってほしい。

上野　そんな施設があったら教えてほしいくらいです。施設の好きな年寄りなんていませんよ。やむなく行くんです。親が出ていく理由は何にもありません。家に居座りましょう。

樋口　居座っても幸せの保証はない。この点は、私と上野さんは対立したままにしておきましょう（笑）。

上野　家族にとっては、親を施設に放り込んだときが介護のやめどきね。

樋口　私はそういうふうには思えないのよ。施設に入れても介護は続くと思う。中身は違っても。

上野　施設に訪ねに行くのも介護といえばそうですが、そんなこと言ったって、目の前に相手がいるのといないのとでは大きな違いです。施設に入れてからもせっせと面会に通う人もいるけど、それを介護と言ってもらっちゃ困るとわたしは思います。金は出しても、手も足も出さないで済みますから。とはいえ、施設入居を否定しているわけではありません。家族は介護のやめどきを選ぶ権利があると思うので。

トイレットの自立を失う

樋口　先日、ある理学療法士の方から「樋口さん、介護されるのは嫌ですか？」と聞かれたの。そのとき私は、「人によるんじゃないですか？」とちょっと曖昧な、捉えどころのないような返事をしちゃったんです。嫌な人にしてもらうのは嫌だけど、いい人ならいいわよと。その後、いろいろ考えて、今、改めて聞かれたとしたら「はい、嫌です」とハッキリ答えると思う。これは、たとえ介護してくれる側が心から取り組んでくれたとしても、どうにも超えられない意識ですね。

なぜなら、親に引っぱたかれたことなんてほとんどなかった私が、子どもの頃、唯一引っぱたかれたのが、おねしょをしたときだったんです。要するに、排泄の自立、トイレット・トレーニングというのは洋の東西を問わず生まれて最初に受ける訓練であって、そのために普段は引っぱたいたりしない親が子どものお尻をたたいたりするわけ。特に女は羞恥心も伴うから、そういうことに対しては厳しく躾《しつ》けられて、シモがかった話をしてはいけないとか、排泄の場面を人様に見せるのは恥ずかしいことだと言われて育ちます。でも、そんなことを言われながら大人になった女も、出産するときは羞恥心をかなぐり捨てて、むき出しのただの裸の女として人目にさらされ、あらゆる屈辱感に耐えながら子を産むわけですよ。私は、ただの一度しか出産経験はないけれど、もう一度で十分だと思いました。

介護の話からちょっと脇道にそれちゃうけれど、私が出産をした60年ほど前は今みたいに産婦人科でもプライバシーが保たれていなくて、すぐ隣の診察台では別の妊婦さんが股を広げて診てもらっていたわけ。今でも覚えている光景があります。ある日、隣の妊婦さんは羞恥心が強いのか、看護師がいくら励ましても、どうしても股が開けないのね。それで、男の医者が「それならひとりで産みなさい。足を広げてくれないと診察ができないじゃないかっ!」と怒鳴っているの。私は彼女ほど慎ましくはないけれど、ああ、わかるわかると、そのとき思いました。女として生まれて、そういうところをむき出しにしたり、人様に見せたりしてはいけないという貞淑な躾をこれまで受けてきたんですから。

上野 でも、どんな貞節な女でも夫の前では足を広げているんでしょう? わたしなんかは、妊娠する前にはセックスしてるくせに、今さら何言ってるんだよと思っちゃうけどなあ。

樋口　貞節な女は夫の前で足を広げても、赤の他人である産婦人科医の前ではやすやすと広げることは難しいのです。

上野　それなら女性のお医者さんに診てもらうとか、助産師さんに頼むという選択肢があればいいですね。でも樋口さんとはこのあたりの感覚が違うなあ。

樋口　話は排泄に戻りますけれど。おむつの中にお漏らししそうになることは、トイレットの自立を失うことにつながるわけです。嫁や医者はおむつカバーをしているんだから、おむつの中にしなさいと叫ぶけれど、嫁におむつを変えてもらうのも嫌。でも、そうはいっても人はだんだんと不自由になりますから、私だって近い将来、人様に汚いお仕事をお任せすることにもなるでしょう。本心は嫌なんです。でも致し方ないから、恐れ入りますという気持ちでいることを、介護する側は理解してほしいというのが私の考えです。

介護される側の羞恥心

上野　介護保険が導入される以前には、母親は息子におむつの交換をされたくない、息子も母親のおむつ交換は絶対できないという話がありました。それについてはどう思われます？

樋口　私には息子がいないからわからないけれど、昔の女としてはその感覚は普通だと思う。

上野　もっとも介護してほしくない相手と、もっともやってあげたくない相手のミスマッチのワーストが母と息子だという学術論文まであるんです。アンケートデータをもとに、だから「男に介護はできない」っていうのがその論文の結論でした。甘えるんじゃないよ、と言いたいです。

わたしが思うに、ほかにやってくれる誰かがいるから「やってほしくない」とか「やりたくない」と言えるのであって、単なる手抜きでしょ。わたしの友人で、母ひとり子ひとりの母子家庭で育った息子が、母親が脳梗塞で倒れてからおむつ替えをずっとしていました。そのことに抵抗があるか聞いたら、「そんなこと言ってられないし、慣れたらどうってことない」と。そりゃそうですよね。

樋口　これは日本の家父長制のせいだと思うんですが、昔は孝行娘、孝行嫁なんてものはなくて、親孝行物語は全部息子です。江戸時代は親の寿命も短かったから、跡取り息子が独身のうちに親が倒れることもあったと思うけれど、背負ったり、おそらくおしめを替えたりしたのは全部息子だったのよ。

上野　やらずに済むからできないと言ってるだけですよね。何が言いたいかというと、羞恥心も学習されたもので、ご都合主義的なものだということです。つまり、感覚はいくらだって変わっていく。

障害者の方たちとつきあっていると「人間、自分でおシモの世話ができなくなったぐらいで死ぬ理由にはなりまへん」って思います。実際、そうやって障害者は生きてるんですから。そこに羞恥心を持たない人はいないと思うし、自分が不甲斐ない、情けないという気持ちは中途障害の人たちは特に持っていると思うけど、だからといってそれは死ぬ理由にはなりません。

エッセンシャルワーカーが報われる世の中に

上野　先ほど「介護は嫌ですか」と樋口さんに聞いてきたのは理学療法士だということですが、理学療法士はプロですから、彼らが対価を伴わなくてもやるかというとまた話は別です。本当は介護する側だって介護が楽しいこと、美しいことだとは思っていないと思います。どちらかというと、嫌なことも含んでいると思う。

樋口　それを楽しんで一所懸命やっていますと言えるのがプロだと思うから、そのことは尊敬するし、ありがたいと思います。だけど、身を委ねる側がいくつもの葛藤を経ながら、本当はこんな身になりたくなかったと思っていることも理解いただきたいと私は思うわ。

上野　そこはわかります。誰しも好きで要介護になるわけじゃないですからね。

樋口　障害者の方だって同じよね。

上野　ヘルパーさんに対する差別的な発言のなかで、最近読んでドキッとしたのが、介護を受けておむつ交換されているおばあちゃまがヘルパーさんに放った言葉。「こんな汚いことを子や孫にはさせられないわね」って。

樋口　それはとんでもないばあさんだ！　娘も孫もしてくれないようなことをしていただいて、ありがとうございますならいいけれど。

人間としての尊厳の基本であるお尻をきれいにするという仕事をしている人に、もっと報いる世の中にならなきゃダメですね。

上野　コロナ禍で出てきた対策のなかで怒り心頭に発しているのが、医療・介護の人手不足問題についての厚労省の対応です。医療については退職看護師や保健師を呼び戻すようにとしましたが、介護については無資格者を使っていいと言ったんです。つまり、無資格の人を使っていいというのは、介護は女なら誰でもできる非熟練労働だと政策決定者が考えているという証拠です。本当にムカつきました。

樋口　エッセンシャルワーカーの地位向上、賃金向上について、「高齢社会をよくする女性の会」では要望を出したいと思っています。

上野　一番簡単なのは、介護報酬の単価を上げることですが、原資を増やさない限り、介護報酬を上げられません。

樋口　今すぐに予算を向けるためには何が一番いいでしょう？

上野　消費税率を上げて、国民負担率を上げるしかありません。それにいらない旧式の兵器なんて米国から買わなければいい。そうやって原資を確保したうえで介護報酬の単価を上げる。といっても、現場の要求は慎ましいです。現状の身体介護と生活援助の二本立てを一本化して、単価を3000円台にしてほしい、と。

樋口　最近は、ヘルパーたちのユニオンもやっとできてきたし、そういう動きをわれわれ国民も支持して、エッセンシャルワーカーが報われる世の中にしなきゃね。

上野　専門職向けの講演では、介護職の人たちには「あなたたちの待遇改善を利用者の側から要求してくれるなんて期待しないで」と言っています。当事者が自分たちから要求しなければ変わりません。現に厚労省はコロナ禍対策として、介護保険の通所系サービスと短期入所系サービスについて報酬上の上乗せを臨時的に認めたりしていますが、利用者と事業者との利害を対立させる姑息《こそく》なやり方です。

樋口　これは一大運動にしなきゃいけないわね。

死ぬ前に訪れた社会的な死

樋口　戦後日本の社会福祉を切り開いてこられた一番ヶ瀬康子さん（社会福祉学者／1927〜2012年）のことはご存じでしょう？

上野　もちろんです、面識はありませんが。

樋口　私にとって彼女は尊敬すべき先輩で、いろいろと教えていただきました。「高齢社会をよくする女性の会」ができるときも、「いい会ですね」とおっしゃって、講演会も引き受けてくださいました。そんな彼女が、あるとき脳卒中で倒れました。それから10年ほどご存命でしたが、その間、ご親族以外同窓生も謝絶、面会も謝絶。ついに一度も会えないままお亡くなりになったと聞いています。そんなふうに、倒れたあとの消息がいっさいわからないということがあるのですよ。

上野　その話を聞いて思い出すのが、三木睦子さん（三木武夫元首相夫人／1917〜2012年）ですね。あるとき私たちの活動に協力していただこうと三木さんに接触したところ、近い方がブロックしておられて。どうやら認知症が入ってらしたようで、だから表に出さないという感じで、いつの間にか表舞台から消えてしまわれた。何年かあとに訃報をお聞きしました。

名士のなかには、生命体として死ぬ前に社会的にすでに死んでしまっている人たちが多いですね。

樋口　非常に多いんですよ。今の話でもうひとり思い出します。東京都の女性行政の先達でした。その女性があるとき倒れたの。私はそれなりに親しくしていたからお見舞いに行きたいと申し出たのだけど、ご家族からお断りされました。

上野　そういうときのご家族は何を考えているのでしょう。

樋口　きっと元気なときに比べて、不自由な姿なので見せたくないんだと思う。肉親の情としてそれはわかります。私の娘も何と言うかわかりません。娘には、私が面会を喜ぶようだったら会わせてほしいと言っておきます。

上野　そうかと思えば、長谷川和夫さん（長谷川式認知症スケールを作った認知症専門医／1929～2021年）は認知症を公表して表舞台に出てこられるし、鶴見和子さん（社会学者／1918～2006年）は脳梗塞に倒れて半身麻痺になっても、最期の最期まで自分を映像で追うことを許可されましたね。

樋口　鶴見さんは病を得てから短歌をつくられたりして、本当に偉い方です。

透明性と連続性を持った存在として

樋口　先ほど例に挙げた先輩は亡くなったのち、ご家族より彼女の遺稿集が送られてきました。それを読んで初めて涙が出ました。まだお元気だった頃、夫君と一緒に北欧を訪ねたときの感想があってね。まさに現地のヨタヘロ期の高齢者たちが地域で交流する様子を見て、《それこそわれわれの老後の姿ではないか。日本においても、徐々に自由を奪われていく高齢者が透明性と連続性を持った存在として街の中心で生きられるようにしてほしい》といった言葉を綴っていた。寝たきりになる一歩前の状態でも一市民として生きる大切さを的確に説かれていたわけです。感動しました。「透明性、連続性」というのはキーワードだと思います。

上野　ご自身はそう書いておられたのに、ご家族によって社会から隔離されてしまったんですね。

樋口　夫君は心から妻を愛していらして、よいご夫婦だったと聞いています。

上野　その愛って何なんだろう？　見苦しい妻の姿は世間に見せたくないというのが愛なのか……。

樋口　夫君も亡くなられましたので今では聞くよしもないですね。

上野　ひと昔前だと、家族に認知症の年寄りがいるというのは隠すべきことでしたね。脳梗塞で倒れた年寄りだって、ほとんど家の中に閉じこめて他人を入れないようにしてきました。介護保険ができた当初、家の中に第三者を入れることが拒まれることもあった。

樋口　そこまで家族がひとりの人間を拘束していいのか、と思います。でも本人の意思を伝えるのもなかなか難しいのよね。

上野　高齢者だけでなく、ＬＧＢＴＱも、性暴力の被害者も「見える化」することでようやく問題が顕在化して、社会が変わるきっかけになるんですから、隠してどうするって、わたしは思います。

樋口　隠すというのは、一種の独占欲よね。その独占欲は支配欲と同意語に近い。もちろん、家族は第一に立てられるべき存在ですけれど、「個人情報」という名のもと、ますます家族の力が強くなる気配もあります。

私は、自分の生前指示書にもし本人が望んだら、「倒れてもみんなに会わせてほしい」ことをちゃんと書いておこうと思います。その人の生きた社会性にかかわりなく、老いと死が「家族」「血縁」のなかに封じこまれてほしくはないわ。

会いたいときは会わせてほしい

樋口　加藤シヅエ先生（婦人解放運動家／1897〜2001年）が最晩年の4年ほど入院されていたとき、毎年何人かでお誕生日に病室の枕元に集まったの。というのもお嬢様のタキさんが「見舞っていただくと、母がとても喜びますので」とおっしゃってくださって。ただし、写真を撮らないこと、面会時の様子を公表しないことが約束でした。私はこの「母が喜びますので」という言葉が素晴らしいキーワードだと思います。

上野　そのとき、樋口さんも将来娘からこういうふうにしてもらいたいと思われました？

樋口　思いましたね。会いたいときは会わせてほしい。子どもとしては老いた母の姿を人様に見せるのはつらいかもしれないけれど。私が会うことを喜ぶ相手とは会わせてほしいですね。

上野　会いたい人がいる一方、この人には会いたくないというのもあると思うな。

樋口　名簿をつくっておくことね、この人には会いたくないと（笑）。

私は亡くなる年まで加藤先生のお見舞いに行けたことを今も誇りに思っているし、加藤先生もずっと喜んでくださったと思っています。そう思うと、人生の最期にそびえる家族の壁をよしとするかどうか。家族側からいえば、無責任な外野が何を言うか、ということでしょうけれど。日本には、本人以上に家族優先という考え方がありますね。

上野　昔は寿命が短かったから、親が強者のうちに死んでいるでしょう。今は昔より長く生きるから、親はやがて弱者になる。その姿を周囲に見せないでおこうとするのは家族自身が老いを拒否しているというふうにしか、わたしには見えません。自分だっていずれ老いるのにね。

樋口コラム

資産管理のしまい方

体が弱って子どもと同居するような場合、権利書、預金通帳、年金証書などすべて渡して息子や嫁に管理を委ねる親がいます。子どもの側は気持ちがすっきりするかもしれませんが、一定の自己管理の資産は持っていたほうがいいと思います。相続だってこれからです。遺言書は日付の新しいほうが、不備のない限り有効です。

とくに一代で築き上げた財産のゆくえについては、できるだけ最期まで自己決定権を保有したほうが高齢者の立場は断然強い。

こんなせりふを聞きました。

「少年よ、大志を抱け」

「中年男子よ妻子を抱け」

「老年よ財布を抱け」

賛成です。

Ⅱ　つきあいのやめどき

87歳のクラス会は人生の彩り

上野　親戚づきあい、近所づきあい、クラス会、法事……。わたし全部やってません！ 社会活動以外はそっくりやめています。皆さん、年をとってもやってるんですか？

樋口　私は、高校のクラス会につい この間参加しました。でも、87歳ともなりますと、ひとりで出てこられない人がかなり増えるの。全員揃うと120人のクラス会なんですが、結果として集まったのは40人弱。そのうちひとりは車いすに座って、家族の付き添い付きでした。担任の先生が100歳の男性で一番お元気なのよ。だからクラス会は今後もあっさりやめるのではなくて、名簿で管理するという形で続けるようです。ただ、集まるのは80代後半が最後のような気がしますね。

上野　クラス会って、いったい何が面白いんですか？ 顔を見ても名前を思い出せないでしょう？

樋口　うん、わからない人がいっぱいいいる。

上野　でしょう？ そういうところに行って、何が面白いのかしら。

樋口　まわりの親しい人へのつきあいですなあ。それと好奇心。

上野　義理ですか？

樋口　義理ではなくて、一所懸命やってくれる人のなかにはかなり親しい人がいるから——ということは、やっぱり義理ね。でも、それぞれの消息を聞くのがまた楽しいのよ。上野さんは高校のクラス会にも行かないの？

上野　いっさい行きません。興味ないんで。高校や中学で一緒だったという人が近づいてきても、その人は長らくわたしとかかわりがなかった人ですから、今さら寄ってこられても……。でも、クラス会って好きな人は好きですね。何が楽しいのかしら。

樋口　あえていえば、80代後半って、生活の彩りが何もなくなっちゃってるわけです。そんななかで何かあるというのが面白いのよ。そんな人生後半の彩りになっていた集会が、幕を下ろしていくのは寂しいといえば寂しいわね。

悪口、恨み、つらみのやめどき

上野　和解したいとか謝罪したいとかいう相手はいます？

樋口　謝りたい人？　あまりいないわね。謝らせたいのはいるけど（笑）。でも、もういいの。それは許すことにしたの。もう、みんな好き、と自分に言い聞かせてます。

上野　あ、そう。そんなに恨みがある？

樋口　私はこんなふうだから、比較的陽気に誰とでもおつきあいしているように見えるけれど、見かけより傷つきやすいヤワな魂の持ち主です。だから、ちょっと言われたこととか悪口というのを鮮明に覚えていて、それに利息をつけて膨らませていってるわけですよ。まあ、恨みつらみの感情が生きるエネルギーになっているような人もいるから、それが一概に悪いとは申しませんけれど、ずっと自分のなかに抱えていると性格も暗くなるし、身の処し方も重くなるでしょう？　だから、一時的に丸めて棚上げしておこうと、あるとき決めたの。そのうちに忘れることもあれば、向こうが先に死ぬこともあるわけで。それでも許せなかったら、死んだあとで化けて出る（笑）。

上野　ははは。

樋口　結構楽しいわよ。あとで化けるから「あと化け一号」、「あと化け二号」って、相手に順位をつけているの。そう言ってるうちに向こうが死んじゃったりして時々順位が変わったり、そのうちにそんなに恨まなくてもいいやって気持ちになったりもして。あとで化けることに決めたことで、本当に気が楽になりました。それに情勢が変わると、あと化けの相手がニコニコして再び関係が良くなったりするようなことも起こるわけ。そのときになって、ああ、あのとき怒鳴らなくて本当によかったと心から思うんです。

そんなことを感じたのが、2003年に立候補した東京都知事選ですわね（編注・当時、石原慎太郎現職都知事の圧倒的優勢のなか、女性や民主的な勢力の声を上げるべく敢然と闘いに挑んだ）。あのとき立候補したのは、私の人生最大の失策であったかもしれない。

上野　失策とおっしゃるの？

樋口　いやいや、失策かもしれないし、そうではないかもしれないし、いろんな見方があって私自身あまり整理がついていないんですけどね。

選挙に出てつくづく思ったのは、世の中にはすぐに腹を立てて人を恨む人が結構いるということ。私も昔はそれに近い性格だったかもしれないけれど、都知事選で本当に変わっちゃった。というのは、許すまじと思っていた、あと化け一号や二号や三号が、負け戦覚悟の私にとても協力的だったのですよ。つまり人との関係って、いつどこでどう変わるかわからない。世話になることもあるかもしれない。そもそもの腹立ちの原因も、よく考えれば自分の一生の節操にかかわることでも何でもない。そこから、たいていのことは聞き流すテクニックが身につきました。勝手にハラを立てるのは自分の未熟さです。

自分の悪口を言いそうな人より長く生きる

上野　わたしも、わりと傷つきやすいんですよ。だけど、一方で物忘れがすごく激しいので、昔この人に何かひどいことをされた気がするけど、あれ、なんだっけ？　と、思い出せない（笑）。

樋口　素晴らしい美徳ね。忘れっぽい、健忘症っていうのは美徳ですよ。

上野　おかげさまで、自分の恥ずかしい過去も忘れられます（笑）。若気の至りで人に謝らなきゃいけない悪いことをいっぱいやってきましたから、人に謝らせるなんて恐ろしいことはできません。

先日、田中美津さん（鍼灸師・ウーマンリブ運動の先駆者／1943年〜）と話していて、彼女が「長生きも芸のうち」って言うの。どういうことかというと、自分が死んだら、誰がどんな悪口を言うか、だいたいわかると。だから、悪口を言いそうな人よりも長生きして死のうって。それが彼女の言う「芸」。その反面、誰が何を言うか、実際のところをあの世から観察したい思いもありますけどね。

樋口　私は、安倍首相（編注・当時）に対する批判は記しておきたいわ。

上野　それは個人的な恨みつらみではなくて、社会的な恨みですね。

樋口　向こうさまは何とも思っていらっしゃらないでしょうが。偉くなった人の宿命ね。

上野　それを本で書くのはいいですが、そのために使うエネルギーを考えると、つまらない人間のために自分の貴重な時間を奪われてたまるかと思いません？

樋口　私の世代で女性運動に加わっていた人は、男女共同参画社会基本法の内容にまで干渉してきた政権政党の一部のバックラッシュ（ジェンダー運動の流れに反対する運動・精力）は忘れられません。上野さんもよく闘われました。公共図書館からジェンダー論が締め出されようとしたあの動きです。私が自伝をまとめることができるとしたら、一章をさきたいと思います。原ひろ子さん（文化人類学者／1934〜2019年）とか堂本暁子さん（政治家／1932年〜）とか岩男寿美子さん（心理学者／1935〜2018年）とか、そのあたりの女たちが集まっては協議した内容をね。

上野　樋口さんのところには、回想録を書いてくれという依頼がもう来てるでしょう。

樋口　ある出版社が10年くらい前にいらっしゃいました。女性で自伝を頼んでいるのは樋口さんだけですよ、なんておだててくださいました。まだとっても書けないわ。

上野　まだ「老後」になっていないからですよ。

樋口　オッホッホ！（笑）。

感謝は思い残しのないよう早めに伝える

樋口　実は、小学校から大学まで一緒だった同級生がいるんです。彼女はマスメディアに勤めていましたが、私より少し早くにヨタヘロになられてしまい。息子さんによると、今は施設でほぼ一日中寝たきりで過ごしているらしいの。となると、お見舞いに行くなら今しかないでしょう？

ただ、お見舞いって絶対的に〝上から目線〟なのね。若いときは回復するという見込みがあるけれど、年寄りになるとそうはいかない。すると、見舞いに来る者が上位で、見舞われる者がどうしても下位になる。本当に、目線と同じよ。見舞われる側がどういう気持ちなんだろうと思うと、ちょっと躊躇《ちゅうちょ》しちゃうのね。だから、まずは行っていいかという手紙を本人と息子さんとに出そうと思ってます。それでいいと言われたら、私の気持ちとしては、6歳のときからずっと一緒だった彼女に一言お礼が言いたいの。体が小さくてデキるのが彼女、大きくてまあデキるのが私。手を取りあって同じ高校に行って、手を取りあって同じ大学へ行って。就職先と結婚相手は違ったけれど、私が若くして夫を亡くしたときは本当に毎晩やってきて慰めてくれたし、私が出版社から大きなテーマを与えられたときは彼女を呼んで、「こんなテーマをもらったんだけど、これに対してどういう反論があるかしら」とよく話しあったものです。そのとき、私は保守的な側に立って、彼女はおとなしいのだけど新しい考えを持っているから革新的な立場で発言をするの。そんなやりとりを一晩か二晩続けて、その問答をもとに、『婦人公論』などの原稿を書いてました。

上野　その話は初めて聞きました。そうでしたか。樋口さんの知恵袋だった方なんですね。

樋口　最終的な原稿はもちろん私の考えで書くのだけれど、常に批判勢力と対抗することで、こちらの知的闘争力も上がるわけです。そうしていい原稿を書くと認められるようになって、私はだんだん世に出ることができたんです。

だから、彼女は世の中に出たいと焦っていた30代の私の支えになってくれた人なの。でも、彼女は幸せなはずなのに、ウツにもなってガリガリに痩せてしまって。そんな友人だから、私としては一言お礼が言いたいわけだけど、言われる立場の人だったら、それが嬉しいことなのかどうか。

上野　そのお礼は、直接会って言わなきゃいけないものですか？　お手紙ではなくて？

樋口　会ってくれるかと手紙で聞いて、会いたくないと言われれば、手紙でお礼を書こうかと思ってます。

結果として当時から私がかかわっていた「日本婦人問題懇話会」に彼女も入会して、私との問答をもとに彼女も会報で連載を持ったりして。家庭科男女共修運動も一緒にしました。

上野　同志ですね。

樋口　そう、同志。だから、「私はあなたのおかげで世の中に出られました。そのことに心から感謝しています」と言いたいんですよ。

上野　これまでに言ったことないんですか？

樋口　言いませんよ、そんなこと。バカバカしい（笑）。

上野　なんで、なんで？　わたしは相手が元気なうちに言っておこうと思って、最近いろんな人にいっぱい感謝を伝えていますよ。あなたにあのときこんなことをしてもらったのがとってもうれしかったとか、あなたのこんなところが大好きとか。今おっしゃったようなことを考えておられるなら、絶対に思い残しのないよう早めに伝えたほうがいいと思います。

樋口　そうですね。筆忠実《ふでまめ》は明らかに美徳です。見習います。

上野　手紙を書いたあとでまた会えたなら、何回お礼を言ったって、いいじゃないですか。一回ぽっきりとか、ケチなことを言わないで。ぜひ、そうしてください。

樋口　じゃあ、まずは手紙を書くか。

私、つい最近亡くなりましたので

上野　少し話題を変えます。いろんなサークルやファンクラブ、活動団体の会員更新時期って、だいたい4月でしょう？　それが何十ともなると、結構な金額が積み重なって、毎年まとまった額が出ていきます。実際には会費会員だけで、ほとんど活動らしい活動はしていないものもあるんですけど、税金だと思って会費を払っています。

樋口　私もそういう会に、ずいぶん入っていますよ。

上野　市民として支払う税金と思って、自分が使ってほしい人たちに出しているお金だから自分に負担能力がある間は払い続けます。なかには遠方だったりして、その団体の活動に参加できないような会もあるので、「やめさせていただけませんか」と言ったこともあるんですけど、「わずか数十人の会員名簿に上野さんの名前があるだけで励みになるんです」とか言われるとやめられません（笑）。

樋口　やめられないわよね。うちにも長いこと仕事をしてきたというだけで、いろんな郵便物がくるんです。その数たるや、ちょっとしたオフィスよりも多いんじゃないかしら。手書きの郵便なんか、そのうちのたった一通か二通で。

上野　同じくです。

樋口　パートナーが死んだあと、彼もいろんな学会やサークルに入っていたから、それらの団体から定期刊行物が来るたびに、はがきを何通も書いたものですよ。《本人は亡くなりました。長い間、お送りくださってありがとうございました》って。

上野　印刷しなかったんですか？　パソコンを使ってプリンターで印刷すれば楽なのに。

樋口　それよりも手で書くほうが楽なの。でも、この先、もう少し、自分の死に支度がスピードアップしたら、定期刊行物を送ってくれている先のリストをつくって、娘か姪に文書にしてもらおうと思います。《長きにわたって御社の資料をお送りくださいまして、誠にありがとうございました。大変役に立ちました。でも私つい最近、亡くなりましたので》って。

上野　亡くなりましたって過去形で（笑）。死ぬ前じゃなくて、死んでから自分の名前で出すんですね。それはいい。

ふるまいじまい、義理じまい

上野　冠婚葬祭で親戚づきあいが濃密だと、年とってから思わぬ出費が老後の家計を圧迫するという話をよく聞きますね。

樋口　新聞の投書なんかを見ていると「ふるまいじまい」という言葉があるんですってね。これまで子どもや孫たちを集めて料理をふるまっていたのが、体力的にも経済的にも難しくなって、これで終わりにしたいと思って親のほうから、お前たちが遊びに来てくれるのは大歓迎だけれど、お母さんが手をかけておふるまいをするのはもうこれで最後だということを大変な勇気を持って言った、なんていう投書を読んだことがあります。

上野　子どもにはあらかじめそう言えても、知人友人が死ぬのは突然ですよね。そのときのお香典が予期せぬ出費という話も聞きます。

そういうなかでわたしが感心したのが、社会学者の鶴見和子さん（社会学者／1918〜2006年）です。わたし、彼女とは仲がよくて、世間知らずのお嬢オバサンだからって、ずっと「オジョンバ」って呼んでたの（笑）。彼女は彼女でわたしのことを「チンピラ」って呼んでました。エラそうになるなという戒めのコトバとして、いただいていています。

オジョンバは寝たきりのお父さま（政治家の鶴見祐輔）を看取るまでの14年間介護

されていたのね。あるとき食事をご一緒する約束をしていたレストランにオジョンバがちょっと遅れて、息せき切って入って来られたことがあって。聞くと、亡くなったお父さまの知りあいだった方のお葬式に行ってきたとおっしゃるの。「今日でようやく義理を全部果たしました」って。つまり、亡くなったお父さまのご友人だった方たちのご葬儀に、お父さまが亡くなったあと、全部行っておられたんです。

わたしはその話を聞いて本当に感じ入って、この人を二度とオジョンバと呼ぶまいと誓いました。

わたし自身はまったく義理堅くないんですが、義理堅い方に対する尊敬の念はものすごくあります。

樋口　私もそうです。体力もヘロヘロだから義理堅くなんてとてもできないけれど、それをちゃんとやる人を笑ったりは絶対にしない。特に、自分が死に目に近づいているせいか、義理堅い人への敬意は年々強くなってますね。

会葬に出かけるのは体力と相談しながら

上野　わたしはこれまで、冠婚葬祭のうち「冠婚」はほとんど遠慮してきましたが、「葬」だけはその方とお別れがしたいと思って、都合がつく限り行くようにしていました。でも年齢とともに痛感するのが、その方のご遺族はわたしとは何の縁もゆかりもないということ。家族ぐるみのつきあいなんてほぼしていないので、ご遺族とは初対面。そもそも家族がいたの？　みたいな関係なので、お葬式に行っても知らない人ばかりで、思い出話もできません。

樋口　これは実話ですけれど、葬儀場って一日に10組くらい同じ時間にお葬式をやるでしょう？　女学生時代の友人が亡くなったので行ったものの、彼女の旧姓は覚えているんだけれど、新姓を忘れちゃっていて。せめて写真で見つけようと思ったんだけど、今の写真なものだから、ついにわからずに帰ってきた、という話があります（笑）。

上野　わたしは最近、「葬」に行くのもやめました。でも、尊敬していたり、好きだったりした人には、自分なりにさよならを伝えないと、けじめがつかない。それで、京都にある山野草で盛花をつくる店にお願いして、四十九日が過ぎた頃にお届けしてもらっています。お葬式のときはお花が山のように来ますから、それがなくなる頃を見計らって、お花を贈るんです。それでさよならを言った気分になるという、わたしひとりの「別れの儀式」ですね。

樋口　私は親しい人が亡くなると本当に悲しくて、できるだけお葬式にも追悼会にも行きますが、そろそろ体力が限界ね。あと1年くらいのうちに死んでくれたら行くけれど。

上野　体がもたないという予感があるということですね。つまり、会葬のやめどきは体力に決めてもらう、ということ。

音楽会のやめどきは

樋口　美術と音楽でいえば、私は断然音楽が好きなのよ。若い頃は海外ツアーのおっかけもやってました。

上野　樋口さんはオペラファンですものね。

樋口　ええ。でも年とともにだんだんツアーに行けなくなるの。まず、海外にはわりと早くに行けなくなりました。徐々に収入が減りますから、高いオペラのチケットも買いにくくなるし。

オペラのファンをやっていると、いつの間にか仲間ができるもので、私にも、いい来日公演があるとすぐに連絡をくれて、チケットを手配してくれる方がいたんです。仲間と一緒になって、長い幕間に今日のソプラノは悪かっただのテノールは結構歌っていただの、偉そうに批評をするのがこのうえない楽しみでした。

そんな仲間たちも年齢と共に運動能力が落ちて、だんだん海外に行けなくなって。次には、東京文化会館やサントリーホール、NHKホールにも行けなくなって。行けたとしても、トイレが近いものだから落ち着いて観ていられないのね。せめて、今みたいに600グラムも吸収してくれる、いい尿もれパッドがあればよかったんだけど、残念ながら10年前にはありませんでしたからね。要するに、オペラは一幕1時間がザラですから、1時間の座位が保てなくなると、仲間との観劇も消滅なのです。

上野　ああいう介護用品、進化しましたよね。

樋口　そのおかげで英国ロイヤル・オペラが来日して『ファウスト』を上演したときは珍しくひとりで行ってきました。うちのスタッフたちに、「行けるうちが花ですよ」と蹴飛ばすように送り出されて。

上野　なんとお優しいスタッフの方たち！

樋口　だけど、行ったのはいいけれど帰りが大変なんですよ。指揮者の手がとまって「ブラボー」が始まる寸前には席を立って外に向かわないとダメ。でないと、長蛇の列で永遠にタクシーを待つことになるでしょう。帰るエネルギーを失っちゃうから。

その日も必死の体《てい》で会場を出たんだけど、前の道が工事中でタクシーをどこで待てばいいかわからなかったんですよ。

「ここで待っていればタクシーは来るでしょうか？」と工事の現場主任みたいな人に聞いたら、「通行止めではないからじきに来るでしょう」と。

そのうちホールから出て来た人たちがゾロゾロやって来て、みんなどこで待てばいいかわからずウロウロしている。すると、最初に声をかけた主任さんが「このおばあちゃんが一番先ですよ」と叫んでくれて。あんなふうに真っ向から「このおばあちゃん」と言われたのは、87歳にして初めてでした（笑）。

上野　ショックでした？

樋口　それが全然ショックじゃなかったの。なぜなら「このおばあちゃん」という主任の言い方がとっても優しかったから。まわりには自分が先だと思っていた人もいて、何やら怒ってましたけど、主任が「このおばあちゃんが、さっきから待ってるんですよ」「このおばあちゃんが一番先ですよ」と何度も叫んでくれたので、その声に押されるように最初に来たタクシーに乗りこむことができました。

並んでいた人のなかには、「このおばあちゃんって、結構有名な人だよ」と言ってくださる人がいたり、車に乗ってからバイバイと手を振ったら振り返してくれる人がいたり。まわりの人たちのいたわりの気持ちが感じられて、とてもハッピーな出来事でした。

上野　世の中には、趣味の対象そのものが好きな人と、趣味の人間関係が好きな人がいますね。わたしの場合は昔からひとりで行動することに慣れていて団体行動はほとんどしないから、趣味のスキーもひとりでゲレンデに行ってます。どんなに気持ちがいいことか！　でも、男友だちとは行きますよ。そう、男は調達するの（笑）。

樋口　そういえば、上野さんと一度、ばったりオペラの公演でお会いしたことがあったわね。車いすの男性を介助されていて。偉いと思った！

上野　見られていたか（笑）。あのときは、「車いすになっても諦めなくてもいいんだよ」と言って、あのおじさまを連れ出したんです。確かに、優秀な尿漏れパッドのおかげで、趣味のやめどきが延びました。

80歳で最後の海外、北欧ツアー

樋口　私はもう海外旅行はやめました。体力がもたないし、国内はまだ歩けても海外は付き添いがないと心配で。

上野　障害者の方たちを見ていると、ストレッチャーに乗ってでも外国にいらっしゃるでしょう？　その気になれば、できちゃうんじゃないかしら。

樋口　税関の行列を立って並ぶ時間が耐えられないのよ。

上野　そういうときは車いすですよ。車いすでもストレッチャーでも使えば、今はどこへでも行けちゃいます。

樋口　それでも行こうという気概があるかどうかよね。上野さん、じいさん、ばあさんのための車いすツアーをやってよ。そしたら、私も応募するから。

上野　気持ちはわかりますが、わたしは団体旅行が大嫌い。それに、最近は時差のあるところに行くのが、わたし自身つらくなりました。だんだん時差が簡単に抜けなくなってきてます。だから海外に行くと、この景色もこれが見納めという気持ちで眺めております。

樋口　まだ早いんじゃない？　80歳までは大丈夫よ。私も上野さんの年齢のときは平気で行ってたもん。

上野　以前は隣町へ行くような感覚で気楽にホイホイとニューヨークとかに行ってましたが、今は出かける前から面倒だなあ、何でこんな予定を入れたんだろうってうんざりしています。そんな自分にドキッとして、こんな気分若いときには考えられなかったですね。

樋口　私が最後に行った海外は北欧。確か80歳と数か月だったかしら。年寄りばかりの旅行だったんですけれど、80代は私ともうひとりだけで、あとは70代。80代は70代の人より何となく行動が遅れがちなのよ。ああ、これは足手まといになるなと思って、それが最後になりました。

何かの機会に車いすで旅行する機会があれば行ってもいいけど、いわゆる普通のツアーで行くのは限界ね。寂しいですよ。海外旅行、好きだったから。

飼い主亡きあとのペットの行く末

樋口　今の家は建て替え前を含めると、もう50年ほど住んでいて、その間ずっと猫を飼ってきたの。今も去年飼い始めた子を入れて三匹います。娘は絶対に自分の飼っている猫はひどい目にはあわせないと誓いを立てております。例えば、猫たちが息を引き取るときは抱いて死なせるし、娘自身が年をとって老人ホームに入ることになったとしてもペット付きで入れるところを選ぶと。実際、最近はお犬さま、お猫さまと一緒に入れる施設もできているんですよ。

上野　これまで飼ってきたペットのお墓はあるんですか？

樋口　歴代の子たちは庭に埋めてきました。火葬したのは一匹だけ。それ以外は死んだあと、穴を掘って葬るのはパートナーの仕事だったわね。この間も、「ダンちゃん」という玄関番みたいな猫が14歳で死んで。そのときは娘が穴を掘ってくれました。

上野　わたしの年齢だと、保護犬とか保護猫とかを引き取ろうと思っても、年齢制限で譲ってもらえません。ペットの寿命よりこちらが早く死にそうですからね。

わたしは子どもの頃からペットと一緒に育ってきたので、老後は犬と一緒に庭のある家で暮らすのが夢でした。そんなささやかな望みさえ叶えられずに死ぬんだろうか、と情けない思いです……。

できることなら盲導犬の赤ちゃん犬を1年育てて返すという期間限定の里親でも、と考えましたけど、育てた犬と別れるときは、みんな泣きの涙なんですって。そう聞くと悲しいし。あとは退役した盲導犬を飼うという選択もありますが、年齢的にたぶん難しそう。

樋口　私もパートナーとは、ふたりとも定年退職したらお役御免になった盲導犬を飼って、死ぬまで面倒をみてやろうなんていう話をしてました。でも、盲導犬より先に彼が死んでしまって、その夢は潰《つい》えてしまった。今の私だけでは体力的にムリだわ。

ひとり暮らしの老人にとってペットは大きな意味がある反面、飼い主の寿命を越えて生き残った犬猫たちの多くは保健所行きだと思うと、憐れでなりません。だから、せめて自分にできることとして若干の寄付をすると今から決めてます。例えば10万円でも100万円でも、遺産から動物愛護の団体に寄付をして、老いた飼い主亡きあとのペットを専用の老犬猫ホームみたいなところに入れてやりたい。

上野　わたしも老後の夢でした。同じ夢を見ていたんですね。でも老後というものがやってこない（笑）。

樋口　ムリよ。飼うとしたら、今上野さんが住んでいる八ヶ岳の家で人を雇わないと。

上野　山の家に定住すれば何とかなるかと思ったけど、とてもそんな生活じゃなくて。東京にもしょっちゅう来てるし、海外にもよく行くし。定住どころじゃありません。

白髪染め・メイク・おしゃれのやめどき

樋口　上野さん、今の髪の色とってもきれいよ。

上野　黒に染めたくないし、さりとて金髪も嫌だから赤くしていますが、これもいつまで続けるのかと。

樋口　病気になるとやめざるを得なくなりますよ。私も今は染めていますけれど、白髪染めのやめどきは、倒れて入院したときですね。

それで思い出すのが、加藤シヅエ先生（婦人解放運動家／1879～2001年）です。加藤先生はずっと髪を黒く染めていらしたでしょう。でも、95歳のときに骨折をなさって三か月の入院中に髪の毛が染められなくて真っ白になられたの。もともときれいな方だから白髪もお似合いだったんだけど、当時の会話で印象的だったのが、どうして骨折したかということ。部屋で倒れたとおっしゃるから、畳の縁などにつまずかれたのかと思ったらそうではなくて、「普通に立っていましたら、ふわっと転んだんです」とおっしゃるわけ。当時60代だった私はチンプンカンプン。「先生、立っていても、ふわっと転んで骨折なさることがあるんですか?」と尋ねると、「この年になりますと、そういうことがあるんですのよ」と。それが自分の人生の延長線上に位置づくということが、当時の私には全然見えていませんでした。

上野　加藤シヅエ先生のお嬢さんが加藤タキさん(コーディネーター、難民を助ける会副会長/1945年~)ですね。タキさんは早くからグレイヘアでしたが、なんでも海外出張中に見知らぬアメリカ人から「素敵なメッシュね」と褒められて開き直ったとか。

わたしは「赤髪のチズちゃん」が定着してきましたから、染め出すとやめどきの決心がつかないですね。幸いコロナ禍の今は人にほとんど会わないので、家の中ではすっぴん・ノーブラ・ユニクロの三点セットで過ごしています。こんなに楽なことはないですね。

今日は樋口邸におじゃましての対談だから、久しぶりに美容院に行って、アクセサリーをじゃらじゃらつけていますけど。最近はもっぱらZoom(オンライン上の会議アプリ)でのやりとりです。くわしい人から、顔映りをよくするには顔とモニターの間に白い紙かなんかを置いてレフ板効果を狙うといいとか、いろいろ教えてもらったんだけど、Ｚｏｏｍなんてボヤけて映っていればいいじゃないですか（笑）。胸から下は見えないからジャージを着ていてもわかりませんからね。

樋口　私も、今日のために美容院に行ってきましたよ。

上野　人に見られることを意識しないと、おしゃれってしなくていいんだと、最近改めて思いますね。

よく高齢者施設に行っておばあちゃんにメイクをするというイベントがありますが、わたしは、あれは気持ち悪い。やめてほしいです。

樋口　どうして？　うちの会員の中には美容関係の仕事をしている人も結構いて、お化粧してあげると皆さん喜ぶって、それを生きがいにしていたりしますよ。

上野　樋口さんは、メイクをやってほしいですか？

樋口　私は、洗うのが面倒だからいい。

上野　でしょう？　メイクを落とさなきゃいけないし、肌は荒れるし、わたしは鬱陶しいな。ご本人が喜ぶというのは、メイクがうれしいんじゃなくて、誰かが自分にかまってくれることがうれしいんじゃないですか。

樋口　そうね。関心を持って触ってもらうだけでうれしいというのは、何となく理解できますね。

上野　仕事をしている年齢なら、社会の目線でメイクを必要とするかもしれないけど、その必要がなくなれば不要。それって、女性なんだから何でパンプスを履かないんだというのと同じですよ。今みたいに打ち合わせがZｏｏｍになれば、アクセサリーにしても服にしても、何でこんなのいっぱい持っていたんだろうってなる。

樋口　私も、外へ出るときはそれなりにしようと思いますけれど、家の中ではね。

この間、『明日の友』で夏の過ごし方について取材を受けたときには、「無駄な抵抗はせず、なるべく何も着ないで過ごす」と話しました。下着はショーツ一枚、中はすっぽんぽん、20年くらい前にそれなりのお値段で手に入れた街着を素肌に着るの。一枚でも透けない生地でできていますから、それをポンと着て、客人が来るときにはロングネックレスを一つかければ十分ごまかせます。

上野　おしゃれって他人のためにやるものですね。

財産の捨てどきは活かしどき

上野　断捨離はどうですか。やってます？

樋口　やらない。

上野　わたしもやってません。やらないのはどうしてですか？

樋口　忙しいからです。

上野　そのうち暇になるというのが老後というものですが、樋口さんの老後はまだ来ていないのですね。

樋口　暇になったら、今度は体力がなくなるわ。断捨離って体力がいるでしょう？

上野　だから、いろんな本によると、そうなる前に断捨離をやりなさいと書かれていますよ。

樋口　私は今の家を建て替えるにあたって、本当に涙を流しながら本をだいぶ捨てました。だから、このうえ、断捨離をしようとは思いません。その代わり、処理に必要な費用をお金で残すとします。

上野　かくいうわたしも、断捨離はしていません。遺言執行人に指名している親しい友人がいまして、その人に、これこれはしてほしい、あとはゴミにするならして、と伝えてあります。

樋口　私は上野さんほどおしゃれじゃないけれど、長く生きている分、アクセサリーとかスカーフとかがいっぱいあるわけ。どれも平凡な中級品ですけどね。それをどうするか。樋口恵子遺品配分委員会というのをつくって、まずは娘が欲しいと思うものを勝手に抜いて、その残りを委員会内で配分してもらおうかと思ってるの。どんな小さなものでも、もらえばそれなりにうれしいんじゃないかと思うから、葬式よりも賑やかになるんじゃないかしら（笑）。そのかわり、一つ残らず出されたものは持って帰ってもらうのが条件。残されても困りますからね。

上野　女友だちは遠慮会釈がないから、わたしがちょっと気のきいたものを身に着けていると、「それ、いいわね、（将来、私がいただくからそれまでは）しばらく使っていていいわ」なんて言うんです（笑）。そういうときはニッコリ笑って、「じゃ、遺品にしとくわね」って。誰が、わたしの持ち物の何を気に入っているかがわかるから、誰に何を遺贈するかを書いた遺品リストを用意しておこうと思ってます。

わたしたちのウィメンズアクションネットワーク（WAN）では少しでも資金を集めるために、時々各自が自分の愛用品を持ち寄って、オークションをやっています。わたしがオークションのセリ係で、「さあ、買った、買った、買った」って値段を釣り上げるの。やってみてわかったのは、例えば1000円からスタートすると、女性の値段のつけ方は1000円の次は1050円とか1051円とか、すごく細かい。なんでももっとデカくいかないのかと（笑）。遺品もそんなふうにオークション形式にして、売り上げを団体に寄付すればいいんじゃないですか。

樋口　財産の捨てどきは、活かしどきですからね。必要なところにお金が届けば、それが励みになって種がまかれるから、いいですよね。

上野　その方面のパイオニアから「恩送り」という素敵な言葉を教えていただきました。ちなみに、身に着けるものは趣味とサイズがあるから、オークションに出すのはスカーフとかアクセサリーがいいですよ。

樋口　上野さんが着けてらっしゃるスカーフ、素敵よ。

上野　これオークションに出しますから（笑）。
樋口　残ったら、私にくれる？
上野　わたしより長生きなさるおつもり？

蔵書の処分は早め早めに

上野　わたしたち研究者の業界で大変なのは、蔵書をどうするかです。最近、大学とか自治体の公共図書館も寄贈をお断りするって。
樋口　そうそう、もらってくれません。パートナーが死んだとき、そうだったもの。彼は日本の戦後ジャーナリズムについての分析にはかなり熱心に取り組んでいて、そのための資料がたくさんあったの。本人は、そういう資料は、自分が設立にかかわった大学の大学院で引き取ってくれるだろうと思っていたようですが、時代が変わってしまって、引き取ってくれたのは六分の一程度。
上野　残りの六分の五はどうされたんですか？

樋口　半分くらいは弟子たちに持って行ってもらい、あとは売り払いました。
上野　樋口さんの本はどうするの？
樋口　私は全集的な本はすべて処分したわ。
上野　ご自宅の書斎にある本は？
樋口　資料的な本が多いので、今後に使えそうな資料は興味ある人に持って行ってもらって、あとは廃品回収かな。
上野　わたしは書庫が家一軒分あるので、どうしようか考えあぐねています。最近これはつらいと思ったのが、加納実紀代さん（女性史研究家／1940〜2019年）の蔵書の寄贈先を探したときのことです。
樋口　あの方も資料が多かったでしょうね。
上野　そう。歴史家ですから資料価値の高い本をたくさん持っておられて、ご遺族がどこかに寄贈したいとおっしゃったので、「ジェンダー・リサーチ・ライブラリ」を新設したばかりのある大学に声をかけたんです。ところが断られてしまったの！　ショックでした。加納さんの蔵書ですら受け取ってもらえないなら、雑本だらけのわたしの本なんて見向きもされないでしょう。
樋口　上野さんなら、上野文庫とか上野図書館とかできそうじゃない。
上野　そんなのあり得ません！　死んだら上野千鶴子バッシングが山のように起こることは予想できますけど（笑）。誰が何を言いそうかまで見当がつきます。
樋口　いやいや、亡くなった直後はつくろうという声が上がるわよ、必ず。だけど、すぐにみんなに持て余される。
上野　その通りです。自治体がスポンサーになって有名な作家の記念館とかをつくりますが、10年、20年経ったら時代は変わるし、かかわる人も変わる。
樋口　読者層も変わっていくわ。
上野　当初はよくても、だんだん持て余して閉館するか民営化するかになる。民営化といっても、今はどこも引き取らないですよ。
樋口　でも仮に、戦後の女性問題について闘ってきた女たちのジェンダー会館的なものをつくるなら、上野さんは間違いなく中心人物だと思いますよ。われわれだって隅のほうにちょこっと加えてもらえるかもしれないし。そういうものを、もし日本のお国がつくるなら、上野さんの本や資料はかなり収まると思います。

デジタルアーカイブ「ミニコミ図書館」を設立

上野　そういうことが不可能だと見極めたので、ウィメンズアクションネットワーク（WAN）ではデジタルアーカイブ（電子図書館）をつくりました。この話をちょっとだけさせてください。

この20年ほどジェンダー研究や性教育へのバッシングが強まりました。フェミニズムというだけで男に敵対する思想だと短絡的に受け取られてしまったうえに、バックラッシュと行政改革で、各地の女性センターの図書室や情報室は逼迫《ひっぱく》しています。スペースもなくなっているし、予算も削られて新規図書の購入もできません。一方で、わたしのところに次々とミニコミの休刊・終刊のご案内がくるんです。発行元のおネエさまたちがご年配になって、これ以上出し続けられないからと。その方たちが亡くなられたら、これまで出してきたミニコミはどうなるかというと、ご遺族にとってはただのゴミですから、放っておくと散逸していくばかりです。それなら、わたしたちが何とかするしかないと。

そこで女性関係のミニコミをデジタル化してアーカイブをつくることにしたんです。たとえお金にならなくても、それどころか持ち出しでも、これはどうしてもやりたいと、WANが発足したときからの悲願でした。

ミニコミ図書館を始めるときに、わたしたちの力量はさほど大きくないので、70年以降の第二波フェミニズムのミニコミに限定しようとルールを決めました。ところがその後、70年代以前からミニコミを出してこられた団体から収蔵のご希望があり、せっかくのお申し出をお断りするわけにもいかず、ルールを変更しました。

70年代以前の日本の女の三大ミニコミの老舗といえば、まずは山崎朋子さん（女性史研究家／1932〜2018年）の『アジア女性交流史』。そして、森崎和江さん（詩人／1927年〜）の『無名通信』。そして、石牟礼《いしむれ》道子さん（作家／1927〜2018年）が橋本憲三さん（高群逸枝さんの夫／1897〜1976年）と一緒に出しておられた『高群逸枝雑誌』。いっそのことこれを全部収蔵しようと、この三つのミニコミの著作権者が生きている間に交渉して、全員から合意をもらいました。
WANのホームページを見ていただけるとうれしいんですが、これらのミニコミのすべてをPDF化して掲載していますから、誰でも無料で見られてダウンロードできるようになっています。

樋口　創刊号から全部見られるの？

上野　そうです。『無名通信』の創刊号には、森崎和江さんの「創刊の辞」がガリ版刷りで書かれています。そのなかで涙が出るほど忘れられないのは、『無名通信』という名前の由来についての文章です。
〈(妻、母、娘、主婦……など)わたしたちは女にかぶせられている呼び名を返上します。無名にかえりたいのです〉
だから『無名通信』なんです。WANサイトをググってみてください。そんな冊子を収録しています。

樋口　それは貴重な資料ですね。私たち「高齢社会をよくする女性の会」会報も収録していただいてありがとうございます。

上野　蔵書のやめどきからちょっと脱線しましたが、改めて言いますと、わたしとしては死後、自分の本や資料が「上野千鶴子文庫」として残されたら心底かなわん！って思ってます。なぜかというと、第一にこんな雑本しかないのかと思われる。第二にちゃんと読んどらんやないかと思われる。第三にこんなくだらんところに線引いてるって思われる。そんなん、やめてほしいわと思うわけです。負の遺産は残さないに限ります。

上野コラム

草の根ミニコミは時代を超えて

1970年前後から、日本各地に生まれた草の根のミニコミ誌。小さな狼煙《のろし》がやがて日本のフェミニズムの炎となりました。女であることの生きにくさの原因を探り、どのようにそれを変えていったか。そして、何がなお課題として残されているのか。行間に息づく思いを今に伝え、火を燃やし続けるために、WANでは2013年からサイト上にミニコミ図書館を開設しています。

そのなかに収蔵しているのは107タイトル、4302冊余のミニコミ誌です（2020年8月2日現在）。これらをすべて電子データ化し、半永久的に保存することで、いつでもどこからでも一瞬でアクセスできます。

〈ページをめくれば、そこには個人の日常生活から社会のことまで、素朴ながらも力強い女性たちの生の声が綴られており、それを読んで考え、気づき、力づけられただろう女性たちの姿が想像できます。同時に、語られている内容が決して過去のものだけではなく、半世紀を経た今と変わらない課題を含んでいることにも愕然とします。〉

WANミニコミ図書館サイトより
http://wan.or.jp

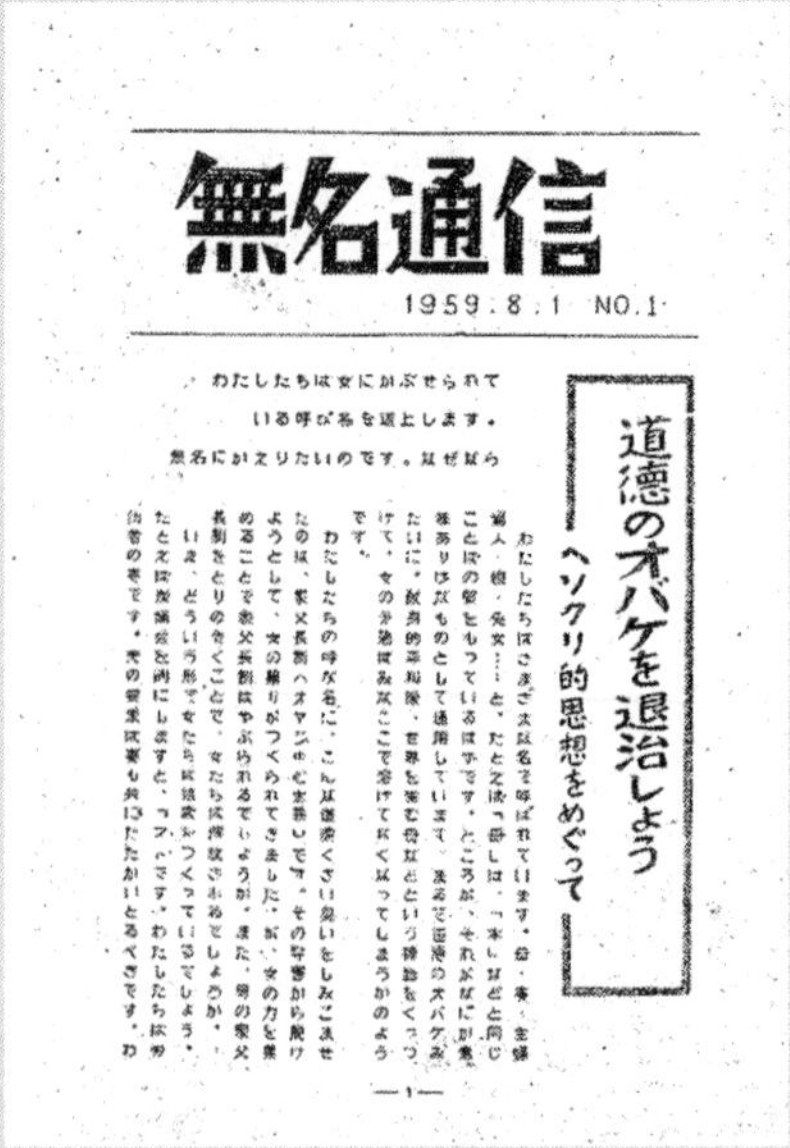

無名通信

1959.8.1 NO.1

わたしたちは女にかぶせられている呼び名を返上します。
無名にかえりたいのです。なぜなら

道徳のオバケを退治しよう
ヘソクリ的思想をめぐって

わたしたちはさまざまな名で呼ばれています。母・妻・主婦・婦人・娘・処女……と。たとえば「母」は、「尊い」などと同じことばの響きをもっているはずです。ところが、それがなにか無様ありがたいものとして通用しています。まるで道徳のオバケみたいに。献身的母性像、世界を生む母などという神話をくっつけて、女の主張はみなここで溶けてなくなってしまうかのようです。

わたしたちの呼び名に、こんな道徳くさい匂いをしみこませたのは、家父長制へオヤジ中心主義)です。その弊害から脱けようとして、女の繋がりがつくられてきました。が、女の力を集めることで家父長制はやぶられるでしょうか。また、男の家父長制をとりのぞくことで、女たちは解放されるでしょうか。

いま、どういう形で女たちは連帯をつくっているでしょう。たとえば政策を前にしますと、「フ、「です。わたしたちは労働者の妻です。夫の要求は妻も共にたたかいとるべきです。わ

—1—

1959年創刊の『無名通信』には「女にかぶせられている呼び名を返上します」とある

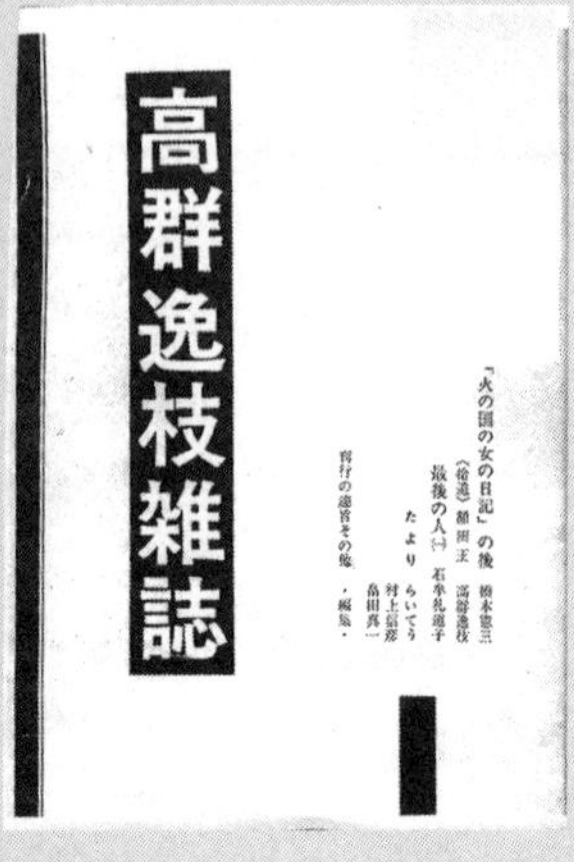

高群逸枝雑誌

「火の国の女の日記」の後　橋本憲三
《拾遺》稲田王　高群逸枝
最後の人（十一）　石牟礼道子
たより　らいてう
村上信彦
島田真一
刊行の遅滞その他　・編集・

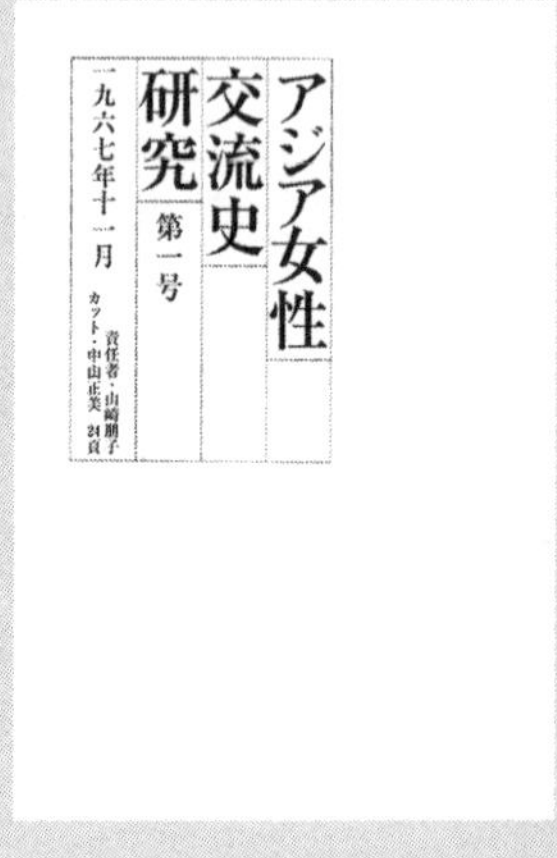

アジア女性交流史研究

第一号

責任者・山崎朋子
カット・中山正美　24頁

一九六七年十一月

Ⅲ　自分のおりどき

女性には男性より長いフレイル期が待っている

樋口　ここ最近の「3密」騒ぎで意見が変わったかもしれないけれど、家族と同居しているにもかかわらず孤食している男性の死亡リスクは、同居で共食の男性より一・五倍高いという有名な調査（2017年東京医科歯科大学・谷友香子研究員らの調査）があります。

上野　そこにジェンダー差があると思います。おひとりさまの男性は早く死にますが、おひとりさまの女性は長生きしますよね。ストレスが少ないので。

樋口　それもやがて変わってくるんじゃないかと思っているのよ。ずいぶん長い間、おひとりさまの女のほうが、家事ができて職場以外の人間関係がある分、老後の生き方は有利だと言われてきました。私もそう考えていたわけですけれど、実際のところ、健康寿命（自立した生活を送れる期間）を見ると、平均寿命より男は約9年短いのに対して、女は約12年短い。

上野　それは逆だと思います。健康寿命が延びたら、その分のフレイル期が短くなる

健康寿命の推移

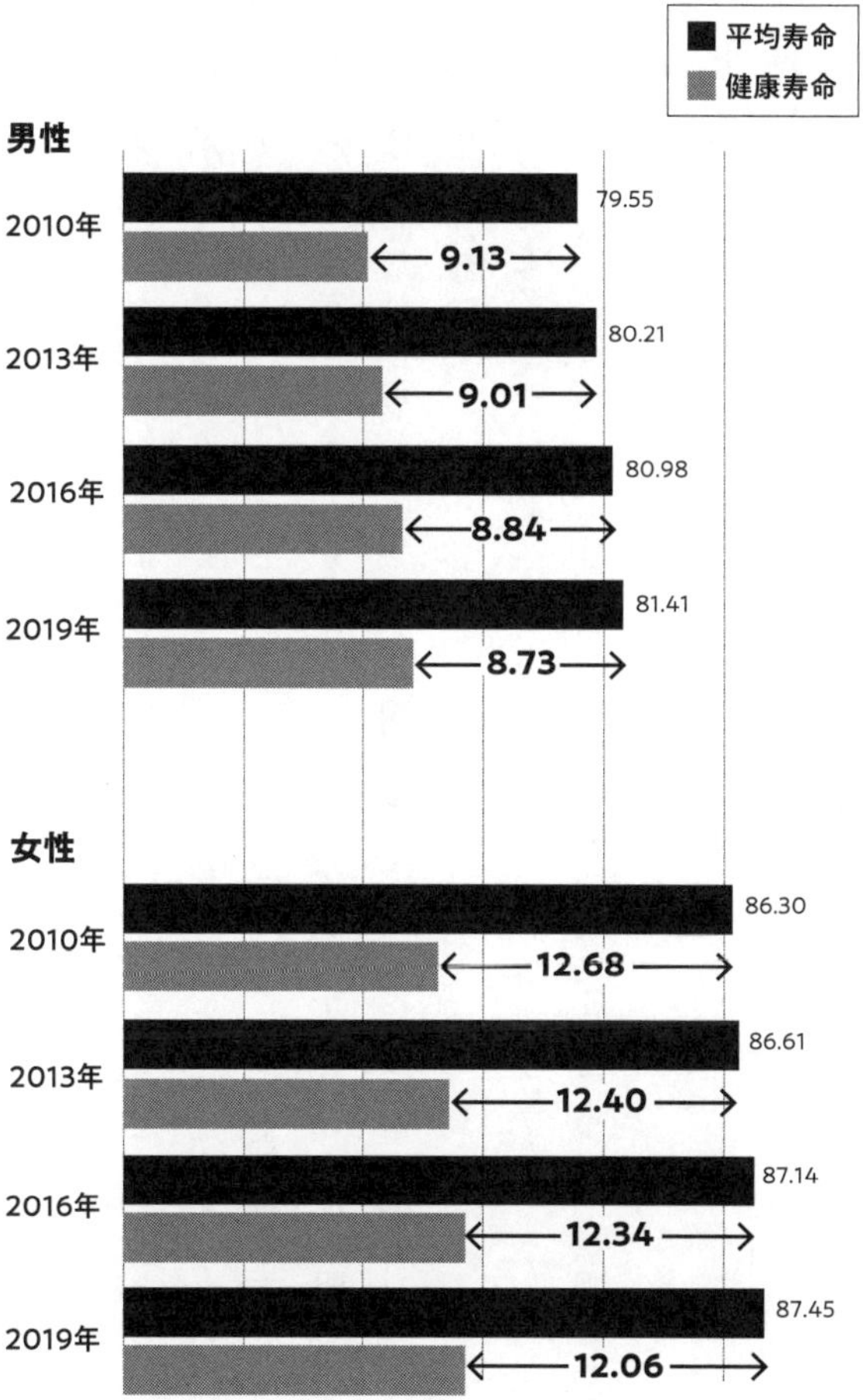

厚生労働省 第16回健康日本21（第二次）推進専門委員会（2021年）資料より作成

かというと決してそんなことはなくて、健康寿命が延びた分、フレイル期も延びる。フレイルというのは、健康な状態から死亡までへと移行する中間の段階のこと、前頁のグラフを見ていただくとわかりますが、フレイルになってもここまで生きられるという証拠を示すデータだと解釈しています。男はフレイルになったらあっという間に死ぬけど、女はフレイルな状態で生き続けられる。結構なことじゃないですか。

樋口　もちろん、そう考えることもできるけれど、女のほうがフレイルな期間が長いのは、やっぱり癪《しゃく》なわけよ。長いフレイル期を過ごすためには何が必要かを、女性たちが提案していかないと。

上野　はい。そのために要介護認定というものがあって、介護保険ができたわけです。

樋口　というのもあるけれど、私はフレイルな状態が長いことについて承服しがたい思いがあります。

上野　じゃあ、努力で健康寿命を延ばせると思います？

樋口　思います。

上野　努力で延ばして、フレイル期を短くできると思います？　寿命の終わりが決まっているわけじゃありませんから、健康寿命を延ばしたら、その分、基礎体力が増えて、フレイル期はもっと延びるのではないかしら。

樋口　それはそれでもいいけれど、私が言いたいのはどうして男と女でそんなに差があるのかということ。

上野　女のほうがフレイルになってもしぶとく生きられるからです。

樋口　でも、フレイルで生きなくたって、元気で生きられたらいいじゃない？

上野　それはその通りだけど、誰でもいつかはフレイルになる。それは避けられないことです。

樋口　そのあたりの考えの違いは、やっぱり上野さんと私の歳の差だろうなと思うの。今こっちはその真っ盛り。フレイルに直進中ですから。フレイルの状態は本人としてみたら、やっぱり嫌ですよ。避けられないとしても、できるだけ後に延ばしたい。

上野　健康寿命を先に延ばしたらフレイル期がもっと先に延びるだけですよ。もちろん、わたしだって健康な人生が長いほうがいいと思いますけど、フレイルになるのは避けられないものですから。

樋口　それはわかるの。死が避けられないのと同じように、衰えることもまた避けられない。フレイルとともに生きていくんだと思う。でも、その時期が長いことが幸せだとは思えない。

中高年女性の就労率が低すぎる

上野　幸せであってもなくても、事実は事実として受け入れるしかありません。
樋口　フレイル期を短くできればいいなと思っているのだけど。
上野　どうしたら短くなると思いますか？
樋口　例えば男女の社会的な状況の違いを見ていくと、特に50代、60代、70代になっても男女の社会的差は就労なんです。
　就労に関しては50代くらいから変わり始めて、60代、70代はダブルスコアくらいの差になる。男はどこかで働いているのに、女は就労している人がぐっと少なくなるわけです。孫育てのためか、企業が雇わないためか、理由はいろいろあると思います「働

郵便はがき

料金受取人払郵便

銀座局承認
4373

差出有効期間
2024年3月31日
まで

※切手を貼らずに
お出しください

104-8790

627

東京都中央区銀座3-13-10

マガジンハウス
書籍編集部
愛読者係 行

ご住所	〒		
フリガナ		性別	男 ・ 女
お名前		年齢	歳
ご職業	1. 会社員(職種　　　) 2. 自営業(職種　　　) 3. 公務員(職種　　　) 4. 学生(中　高　高専　大学　専門) 5. 主婦 6. その他(　　　)		
電話		Eメールアドレス	

この度はご購読ありがとうございます。今後の出版物の参考とさせていただきますので、裏面のアンケートにお答えください。**抽選で毎月10名様に図書カード(1000円分)をお送りします。**当選の発表は発送をもって代えさせていただきます。

ご記入いただいたご住所、お名前、Eメールアドレスなどは書籍企画の参考、企画用アンケートの依頼、および商品情報の案内の目的にのみ使用するものとします。また、本書へのご感想に関しては、広告などに文面を掲載させていただく場合がございます。

❶お買い求めいただいた本のタイトル。

❷本書をお読みになった感想、よかったところを教えてください。

❸本書をお買い求めいただいた理由は何ですか?

●書店で見つけて　●知り合いから聞いて　●インターネットで見て
●新聞、雑誌広告を見て（新聞、雑誌名＝　）
●その他（　）

❹こんな本があったら絶対買うという本はどんなものでしょう?

❺最近読んでよかった本のタイトルを教えてください。

ご協力ありがとうございました。

け論者」の私としては、中高年期の女性の就労期間をもっと延ばしてほしい。50代から70代の無理のない就労と不合理な不平等を避けて、社会参加という名の就労ができることによって、女の健康寿命はもっと延びるんじゃないかと思うんです。

上野　すみませんが、就労と社会参加は別ものです。樋口さんには釈迦《しゃか》に説法ですが、どんなに好きな職場でも65歳からはお前はいらないと言われます。それよりも、わたしが見てきたケースでは、就労してきた男たちは職場を離れると同時に、あらゆる社会関係から切り離されます。一方、女のほうは樋口さんもご存じのように対価を伴わない社会活動を山のようにやってきていますよね。男が定年になって家で何もしていないときに、出歩いているのは女たちです。

樋口　この頃、私は男と女をそういうステレオタイプだけで捉えちゃいけないと思い始めています。例えば、家庭科の男女共修が始まって30年、今や子育て中の男がベビーカーを引いて歩く光景が当たり前になってきました。この20年くらいの間に、男の育児参加は風景として変わっているわけです。

上野　確かに変わりました。それが家庭科共修のせいだとは思いませんけど。

樋口　確かに、家庭科のせいだけではないと思うけれど、制度が変われば意識が変わり、意識が変われば行動も変わります。今は若い世代の男のあり方が変わったことに希望をつないでいきたいと思う。だから、職場のあり方にしても、何のかんのいっても昔より変わってきているし、寿命の長い女こそ、職場に長い間とどまるようなシステムをつくって働くことが大事だと思うんです。

我々の世代は就職で差別された世代ですから、仕事を持って生きることは人間の生理に適ったあり方として認めていっていいんじゃないかと。

上野　それには100パーセント賛成です。

樋口　例えば職場で健康診断があるだけでも、健康維持には有利に働くと思います。

上野　フレイル期の性差のデータに注目すると、男はフレイルになったら長生きできないというようにも解釈ができます。

樋口　フレイルの女性が長く生き延びられるのはなぜか。あえてそれを〝ばあさん力〟と呼ぶなら、そのばあさん力が何かというのも私としては考えてみたいわね。

上野　先進国の平均寿命の男女差は、男性のストレス原因説で説明されています。つまり、就労とか社会生活に伴うストレスが女以上に男にかかっているため、男性の平均寿命は女性より短い。女性も男性並みに就労するようになったら、平均寿命の性差は縮小するだろうと予測されています。

樋口　それはそうだけれど、私自身は男以上のストレスがかかる状況で働いてきました。ここまで生き延びられたのは就労したおかげだと思っています。職場より家庭にいたほうがよっぽど楽だという人がいますが、それは人によりけりよね。

上野　データは確かに平均値ですから、個別のケースの説明はできません。発展途上国を例に挙げると、たいていの国では男のほうが長命で、女のほうが過酷な労働や出産リスク、ストレス等によって短命です。だから、フレイルになってもこんなに長く生きられる社会を、わたしはよい社会だと思っています。

樋口　私としては、家庭科の男女共修を経て子育てに参加した男たちが増えたように、定年後に再雇用で65歳まで働いた女性たちの、その後の健康寿命がどうなるかに興味があります。女性はいまだに就労の場から疎外されていると思っているので。

新しい働き方における仕事のやめどき

上野　雇用という働き方には否《いや》も応もなく定年制があって、どんなに愛している職場でも「明日からお前は来なくていい」と言われる日が来るわけです。定年は今65歳ですが、65歳ってまだ十分元気。一方、わたしとか樋口さんのような独立自営業者には定年がありません。フリーランスで単発の仕事を受注する働き方を「ギグ・エコノミー」といいますが、それがこれから先の新しい働き方であり、情報化社会で増えていくといわれています。

今回のコロナ禍のもとの在宅勤務でも、やってみればできるじゃん、ということがわかってきて、今、なんで毎日会社に行かなきゃいけないの？　通勤ラッシュをガマンしなくちゃいけないの？　という気分が生まれました。そうなると、人材として使えるうちは定年もなくなっていくんじゃないかと。じゃあ、今度はそういう人にとって仕事のやめどきっていつなのか、という新しい問いが出てくると思います。

樋口　フリーランスなんてつくづく、注文が来なくなったときがやめどきなんじゃないですか？　自分で選べないですもの。

上野　今の言葉で思い出したのが、橋田壽賀子さん（脚本家／1925～2021年）のことです。以前、橋田さんは「認知症になったり体が動かなくなったりしたら、安楽死したい」と発言して物議を醸しましたよね。その理由としては、そんな状態になって仕事の注文がいっさい来なくなると、自分のやっていることに社会的なニーズがなくなったと痛感するからだと。だから、生きている意味がない、ということでした。

樋口　その気持ちわかります。上野さんはフリーランスより大学での教職についていた時期のほうが長いから、また別の考えがおありでしょうけれど。私も大学教職の期間が20年近くありますが、その前の非常に身分の定まらないフリーランスの時代も、それなりに長いんですよね。橋田さんも30代で松竹を退社してからは、ずっとフリーランス。だから、仕事がゼロになることについて、あたかも世の中から死を宣告されたくらい深刻に受け止められたんだと思うの。

上野　社会的ニーズのない人生を送っている人なんて、世の中に山のようにいますよ。

樋口　そうなの、そういう場合がほとんどなんですよ。

上野　だから、別に社会的なニーズがなくなることが死ぬ理由にはならないと、わたしなんぞは思いますけどね。

樋口　あれだけ全盛期の長かった方は、習い性になっちゃってるんでしょうね。あの発言はショックでした。

上野と樋口の仕事盛り

上野　やめどきを語るためには、仕事盛りを語ることも必要なので話しますと。わたしが大学での定職に就いたということについては、ハッキリした理由があるんです。京都の短大に10年、私大に4年いて、それから東大に異動しました。関西にいたときはちょうどバブルの最中だったので、まわりから独立をすすめられたこともありましたが、やめなかったのは仕事を選ぶためです。フリーランスになると仕事を選べない。そのことを、まわりを見てよーく学習していました。だったら、給料分は働こうと。

樋口　給料分稼げていれば、やりたい仕事だけやれると。

上野　そう。まわりのフリーランスになった人たちを見ていると、仕事がだんだん荒れていくのがわかりました。その点、毎月ちゃんと給料が入る生活って、ものすごい生活保障ですよね。

樋口　私が大学の教職についたのは54歳のときで、39歳から14年間フリーランス。その前はいくつかの企業に勤めましたよ。その頃は、まだ日本企業が発展途上でゆとりがあった時代だから、企業の恩恵に浴しながら生きていたと思うの。

例えば、私が時事通信社を辞めて子育てをある程度して、学研に再就職したのは昭和38年で、私が30歳の頃。ありがたかったのは、まだ日本の戦後経済が完全に復興する前で、女子のパートタイマーを安く使おうという悪知恵が日本企業に定着する前だったことね。だから、20代後半の子持ち女の私を正社員で採用してくれたんです。

上野　今の話は、歴史的証言として残しておきたいですね。

樋口　当時、就職試験には何社か行って、受かったり落ちたりしましたけれど、そのときの問答も本当に面白いのよ。

半官半民の某研究機関を受けたときなんて、私は非常勤として採用されたんです。

それで後日、一緒に採用された男性のほうには人事部から正規採用の転換試験があるという話がきたものだから、私も長く勤めたいし「転換試験を受けたい」と申し出たの。そしたら人事担当者が「君は知らなかったのか」と、「この研究所で正社員として働く女性は、みんな結婚したら退職するという念書を書くんですよ」って。こりゃダメだと思いました。

それでそこは退職して、次に学研の試験を受けることになったんです。ところが、ここでも、筆記試験が通った後の部長面接で、私が子持ちの女だということがバレちゃった。人事部長から「妊娠4か月になると退職という内規があるので、子どもがいる人を採用する気はない。帰ってくれ」と言われて、そこで帰っていれば今の私はありません。でも、私は、それはあまりにひどいと思って言い返しました。「こちらの会社は保育にかかわる出版社なのに、母親の目を排除するような形で、果たしてよい雑誌ができるのでしょうか」と。「むしろ、あなた方の意見を聞きたいです」と（笑）。その結果、入社できた。

上野　就職していたとき、子どもの面倒は誰が？

樋口　母です。就職を機に同居してもらって、祖母力をアテにできたからこその就職でした。

上野　やっぱり祖母力がないと、シングルマザーは働くのが困難ですね。

樋口　個別に私の例で言えば、まさにその通りです。

自主定年の設定

上野　話を元に戻しますけど、仕事のやめどきって、勤め人なら強制終了されますが、そうじゃない働き方が増えると、自主定年を決めるしかないですよね。

わたしのまわりには医者がたくさんいて、なかにはいつまでもやめないので困るなという人もいます。誤診や治療ミスをされたら怖いです。

樋口　定年制度がつくづくいい制度だと思うのは、これがあることで否応なくやめるでしょう。そうでもしないと、やめどきってなかなか自分ではつくれないですからね。

上野　自由業になったら自主定年するしかありません。さっきの樋口説だと、注文が来なくなったときが強制終了時？

樋口　と思います。注文が来なくなったら、もうお呼びじゃないと思うよりほかないですから。でも、例えばこの介護労働の人手不足を思うと、やっぱり60代、70代の人にも介護労働力として働いてもらわないと、日本の高齢化、介護の労働力不足を乗り越えられないと思うんです。

上野　介護の現場はとっくにそうなっていて、60代、70代のヘルパーが働いていらっしゃいますよ。その方たちは働かないとやっていけない人たちです。

樋口　やっていけないのは本人も社会も、です。これからもそうしていくより仕方がないですね。若い人材は欲しいけれど、なかなか来てほしいとは言いづらい条件ですから。

上野　労働条件が悪すぎるからですよね。それに、年金が低すぎる。樋口さんの言うBB（貧乏ばあさん）を生み出す条件が揃っています。仕事からおりたくてもおりられない人は、これからもっと増えてくると思います。

わたしの指導学生が「シングルマザーの老後展望」という博士論文を書いたんです。

シングルマザーに老後展望はあるかという問いを立ててリサーチをしたら、答えは「シングルマザーに老後展望はない」でした。じゃあ、どうやって暮らすのか。貧困の世代間再生産（世代間での格差・貧困が繰り返されること）のせいで、子どもに頼るという選択肢もない。そうなると、シングルマザーは「倒れるまで働く」というのが結論でした。その職場として今、中高年の女性に提供されているのが介護業界だと。そんな彼女らの最大の心配は、自分が倒れたら、その先はどうなるんだろうということです。やっぱり仕事のやめどきは、経済と切っても切れません。政治的な対策が必要ですね。

樋口　これは一回こっきりしかできないけれど、「超高齢社会乗り切り法」という法律をつくって、一定の資産税をとって福祉の財源を確保するのもいいんじゃないでしょうか。そうでないと、高齢者もだけど、貧富の格差は拡大し、出生率もどんどん低下しますよ。戦後の財産税を研究し直してほしいです。今のマスコミの報道は「世代間対立」を煽《あお》っているようですね。

退きどきについて考える

上野　何といっても、樋口さんが「高齢社会をよくする女性の会」理事長のやめどき、おりどきをどう考えておられるか、興味があります。

樋口　どうしよう、上野さん！

上野　わたしに聞かないでください（笑）。わたしは、樋口おネエさまの背中を見ながら、自分の退きどきをいつも考えているんですから。

樋口　この会をこの先どう収拾させたらいいかについて、トップ四役に話すと、私以外の人たちに「樋口さんのお心任せ」と言われてしまうわけ。確かに、これまで会を引っ張ってきたのは私が中心かもしれないし、会の拠点となる場所を提供したのも私だけれど。もともと私より10歳年上の人たちが1000人以上集まって始まった会だから、最近は高齢化が著しくて、死亡や施設入居で退会者が相次いでいるんです。それでもアンケートをとると「この超高齢社会において唯一の女性団体の灯を消さないでください」という声をたくさんいただいたりするので、どうしたものかと。

上野　お心任せというのは、樋口さんの胸三寸ということ？

樋口　私個人としては存続のために理事も大幅に入れ替えて、叶うことなら上野さんにも入ってもらって、なんて思っていたけれど、コロナ禍で理事会さえ思うように開けません。それでみんなから賛同をいただき人事を2年延長することにしたの。ですから、近いうちにいい結論を出したいと思っています。

上野　これまで、ご自分の退きどきを考えたことはありますか？

樋口　コロナ禍になってからはいつも考えています。全国大会が1年延期になったり、そういう対応に追われて、コロナ禍だからこそするべき活動ができなかった、と反省しています。

上野　立ち入ったことをお聞きしますが、人材難ですか？

樋口　今の副理事長と事務局長は有能で、気持ちのいい人たちです。彼女たちはこの会の幹部として最適任です。でも、私と年齢がいくつも違わないのよ。

あともう一つは経済的な問題。これまでは新宿にある事務所を私が提供してきたんですが、今後は会を引き継いでくれる人、ないしは団体に場所を譲っていこうかと

――。

上野　事務所って樋口さん個人のものなんですか？

樋口　そう。ただ、今回の新型コロナのようなことがあると、その考えもちょっと変わりますね。コロナ以前にはたくさんあった講演会や講座がすべてなくなって、収入が途絶えることがどういうことか、よくわかりました。世の中、何があるかわからない。あとの人が活動しやすいように、と考えています。

最大のミッションは後継者の養成

上野　わたしどものWANは、オフィスすらありません。理事長であるわたしの自宅の一部がオフィスです。

樋口　私が運動の最初の言い出しっぺになってみて思うのは、場所というものの大切さね。

上野　わかります。ですが、わたしたちには維持できません。

樋口　だから、私が働き盛りの稼ぎを投じて、あの場所があるということが、「高齢社会をよくする女性の会」が継続できた大きな要因だと思う。それをみんなもわかってくれているから、私の意見を尊重してくれました。しかし、ひとりでできないのが運動です。公開の討論、合議制、地方グループの活動がこの会を支えてきました。物事にはすべてやめどきがありますから、このあとどうやってやめたらいいのか。

上野　それを興味津々で見ています。どうなさるのかしら。

樋口　上野さんをはじめ、団塊の世代に引き継いでいただきたいと思っています。

上野　何をおっしゃいます。わたしはすでに十分に重荷を背負っていますから無理です。これから次の世代の人材を育てては？

樋口　学者や運動家としてバランスのとれた優秀な人はいても、今はジェンダー論も含めてみんな細分化していますので。それに大学のポストがそれなりにできたから、優秀な女性は学内で偉くなっていきます。難しいですね。

上野　でも、彼女たちにも定年がありますよ。

樋口　そう。だから、あるとすれば50代以上の学者でＮＰＯ活動にも欲のあるような人を探すしかない。
上野　わたし、最近考えを変えたんです。おっしゃったように、今の世の中、なんだかんだいっても女の人たちが活躍するポジションができたから、ちょっと気のきいた才能のある人はとっくにそれなりのポジションについて稼いでいます。そんなふうに稼ぐ仕事をしている人に、タダ働きでボランティアをやってくれとは頼みにくい。
樋口　だから、社会運動は面白くなきゃいけないと思っているの。
上野　もちろん、その通りです。ただ若い世代に頼みづらい分、65歳で定年退職した人は、その後10年は元気ですから、退職者に活躍してもらおうと思って。使えるのは、退職した元編集者。編集者は異業種を束ねてマネージメントをやる能力がありますから。
樋口　うちが今一番欲しいのは、不利な状況にある女性の観点から活動をリードし、社会にも政府にも発言できる人材です。
上野　わたしを指名してください。きっと政府が嫌がります（笑）。

問題の山積にどう向きあうか

樋口　これも差別なんですが、審議会委員には70歳定年という内規があるようなのよ。

上野　高齢社会について論じる審議会に当事者が入らなくてどうするんですか。

樋口　本当にその通り。２００８年に後期高齢者医療制度ができるとき、対象者が75歳以上だというのに、その審議には75歳以上の人がほとんどひとりもかかわっていなかったんです。

上野　おかしいですよ。

樋口　のちにできた医療保険部会では75歳以上の男女をひとりずつ指名して、そのうちのひとりが私だったの。

上野　ということは、運用規則を変えられるということですね。

樋口　そう。だから、本当にすべきことはたくさんあるわけ。

上野　まとめると、樋口さんの社会活動のやめどきは、倒れるまで。わたしは自分がＮＰＯの理事長を引き受けたときから最大のミッションは後継者養成だと思ってきましたから、いつ退くかばかり、ずーっと考えています。

樋口　私は後継者養成というのは、ある意味で少し不遜だと思う。あとを継いだ人が勝手にやればいいことですから。

上野　それはそうなんです。あるベンチャー企業の創業者に「自分の退きどきについて、どうお考えになりますか？」と尋ねたら、「僕はそんなこと考えたこともない」「やめるときは倒れるとき。倒れたあとは、残った連中が勝手にやってくれるから」とおっしゃっていました。

樋口　同感ね。上野さんもそれでいいじゃありませんか。

上野　とは言いながら、あまり長期政権になるのもよくないとわたしは思うので……。

樋口　長期政権への批判はわかりますが、力の弱った高齢者層が量的にも質的にも高齢者の過半を占める現実に今新たに私たちは直面しています。今まで見えなかったこの層の社会参加、ケアの質と量、家族に代替する信用供与の方法など、初めての問題が山積しているんです。

84歳で調理定年を迎える

樋口　これまで何度か書いていますが、女の人生には「調理定年」があると思うの。私は自宅の建て替えをした84歳のときに大変な貧血になって、その存在を身をもって知りました。

上野　どういうことですか？

樋口　要するに、栄養失調になったんですよ。その症状を自分で「中流性独居無《ぶ》精《しょう》型栄養失調症」と名づけたんですけど（笑）。

　何年か前から食事の内容が貧しくなっていることは自覚していたの。以前は講演会やら何やらで外食が多かったのが、85歳を過ぎてからは家にいることが増えてきて。今でも週のうち2日はシルバー人材センターの人が来て何人かで食事をしますけれど、それ以外のひとりで家にいる日は、何となくその辺にあるパンをつまんだり、牛乳を飲んだりで済ませてしまっている。もちろん、中流ですから、冷蔵庫を開ければ、飲むヨーグルトやジュース、ハムや冷凍食品など一応、おなかを満たす食べものはたくさんあるのに、昔のように自然な空腹感がわかなくて。「いつまでもあると思うな空腹感」ですよ（笑）。

上野　あははは。

樋口　本当よ。83歳くらいまでは自然な空腹感があって、朝ベッドで横になっていても「ハラ減った、そろそろ起きてメシつくれ」と胃袋から指令されるの。頭が言うんじゃないのよ、胃袋。それでエッチラショと起きて、食事をつくっていたわけ。

上野　わたしは今72歳ですけど、空腹感で起きたことなんて、もう何年もないですよ。

樋口　それは残念。上野さんと私のそのあたりの違いは、集団疎開体験とか戦中・戦後の飢えの体験とかの有無によるものでしょうね。歴史的に見ても私たち世代は食いものに卑しいの。よくいえば、食生活に貪欲な精神が世代的体験としてあるわけです。だから、世の中は食うことを中心にぐるぐる回っているという意識がいまだにありますよ。この間なんか、ある新聞記事に「高齢者こそ食べ盛り」という言葉を見つけて、すっかりうれしくなっちゃって、切り抜いて壁に貼ってあるもの（笑）。

上野　確かに、高齢者の施設で入居者さんと一緒に食事をすると、こんなに食べるの？

というくらい、皆さんよく食べて、しかも完食なさいますね。

デリバリーのお弁当を利用

上野　樋口さんは栄養失調になって調理定年を考えたわけですか？

樋口　それが一つのきっかけですね。もともと料理は家事の中で一番好きで、夫の没後もずっと台所に立っていたのに、84歳くらいからだんだん面倒くさくなってきたの。特に、建て替えが終わって新しい家で暮らすようになってからは、家財道具の整理を人任せにしていたから、料理器具の置き場所とかがわからなくて。ここにあると思っていたお玉がない、スプーンがない、鍋がない。ないものが三つ重なると、もう調理欲がなくなるわけ。引っ越しをすると年寄りがボケるというのは、ある意味本当ね。で、低栄養状態になっちゃった。

上野　申し訳ないですが、それはおひとりさま歴が短いからです（笑）。

樋口　と思う。そういう訓練ができていないのね。おふたりさまかお三人さまをずーっとやってきて、特に二番目の夫は、早起きで料理がすごく上手になったものだから、毎朝ご飯をつくってくれて、「できたよー」という声で私と猫が起きて行くというふうだったから。夕食は私が中心でしたけれど。

上野　聞いているだけで羨ましいわ。そんな生活したことない！　それで調理定年を迎えた後は？　今はデリなどの調理済み食品を利用してるんですか？

樋口　ひとりのときはお弁当をとってます。

上野　さぞかし美食家でいらしただろうに、お弁当で我慢できますか？

樋口　そこが戦争中の子どもの強みよ。梅干しも白いご飯もなかった飢えた時代に比べれば、七品も揃って白いご飯がついてくる、このありがたさはたまらない。

上野　わたしは、まずいものを食べるくらいなら何も食べないほうがマシだと思うほうです。

樋口　だから、上野さんの世代は贅沢を知って育ったのよ。私たちは飢えのどん底を生き抜いてきたから、なんだって我慢できます。それでパンをかじって牛乳を飲んでしのいでいたら、具合が悪くなっちゃったんだけど。

低栄養になって目が回って倒れそうになったとき、病院で血液検査をしてもらったの。そうしたら、医者の顔色が変わって、「これは消化器系の重篤な病気以外に考えられない」と。それで84歳にして初めて胃カメラを飲んだわけ。実際には、がん細胞ひとつすら見つからなかったんですけどね。

上野　素晴らしい。それはよかったですね。

樋口　それでも、ほかに悪いところがあるに違いないから入院しろと言われたんです。ただ、その頃には自分の状態を「中流性独居無精型栄養失調症」と勝手に命名していたから、もう入院なんかいらないと断って帰ってきちゃった。

上野　樋口さん、それは独居の高齢男性の領域でございますよ。食べたものが自分の身になるということが、よくわかっておられない。食生活管理の基本のキができないオヤジが、独居生活を始めるとかかる病気ですね（笑）。

樋口　はい、私は完全にオヤジです。オヤジ型老後不適応症ですね。

入院する妻の病院食を食べる夫

上野 わたしなんか、独居歴が長いから、自炊の基本は冷凍庫とレンチン（電子レンジでチンする、の略）です。外食したら残ってるものをもらってきて、それで3日間くらい食べられるし。さらに、ものすごくありがたいことに、全国津々浦々にいるお友だちが「千鶴子ォ、食べてるかい？」って冷凍のお料理を送ってくださったりもするし。

樋口 お友だちってすごく大事ですよね。

上野 本当に大事。加えて、冷凍庫とレンチンという文明の利器が暮らしを維持する必需品です。これらがあれば、家事能力の低いオヤジだって生きていけます。

樋口 私は家庭科の男女共修の旗振りをしたひとりだけど、これからは家族のために云々《うんぬん》という前に、まずは自分がひとりで生きるための食生活のあり方をちゃんと教えておかなきゃいけないですね。

上野 そう。特に男に教えないとダメですね。よく聞く話が、妻が突然の病気で入院しても、今のオヤジはコンビニ弁当があるから大丈夫だと言うけど、10日くらい経つと体調を崩すという……。コンビニ弁当って若者向きで揚げ物が多いし、味も濃いですから。

樋口　それだとまだいいほうで、私が聞いたのは、DV防止法の第三次改正がなされた2014年頃の話。ある老妻が入院したんですって。そしたらダンナは家で食事がとれないものだから、毎日見舞いに来て病院で出される妻のご飯を食べるんですって。

上野　えーっ！

樋口　本当なんですよ。食事がおいしくて有名な病院ではあるらしいの。それで妻が「あなた、私にも少し残してくださいよ」と言うと、「お前がつくるより、よっぽどうまい。よく勉強して帰れ」とか言ったと。

上野　ハラ立つ～！

樋口　その病院の婦長さんが半ば冗談まじりに「樋口さん、こういうのは虐待にあたらないんでしょうか」と言うから、私、専門家に聞いてみました。そしたら、やっぱり不当に食物を制限するほど極端な場合、虐待にあたると。

上野　そのオヤジは病院まで出張虐待に出向いていたわけですね。でもまわりの人たちは毎日通ってきて仲のいいご夫妻ね、なんて見ていたかも。

高齢者は飲食店に近いところに住むといい

上野　わたしはベテランのおひとりさまですから、今のマンションに移って駅ナカデリを見つけたときの喜びは大きかったですよ。これで生きていけると（笑）。冷凍庫とレンチンに加えて、近所に駅ナカデリとコンビニがあれば最強です。そう考えれば調理定年になったって、いくらでも生きていく方法があります。

樋口　だけど、それにはかなり長期の政策が必要なんですよ。例えば、私の家は駅から歩くと10分かかるんだけど、昔、この家の敷地を見つけたときは駅徒歩5分の場所よりも静かだし、駅から少し離れる分、多少は広い坪数がとれるし、少し歩いたほうが運動にもなって、いろんな意味でよかったの。でも、今となっては10坪敷地が減ってもいいから食堂街のある駅近がいい！　かなりヨタヘロになっても、自分の足で歩いて、今日は蕎麦屋、明日はカレーと、ハシゴをして行けますから。人生１００年を生きる高齢者の街選び、住み替え地選びは、そういうことも頭に入れなきゃいけないと今つくづく思います。

上野　そこまで思っておられるなら、家を建て替えるのじゃなくて、この土地を売っ払って、駅前のマンションとかに引っ越したらよかったのに。わたしは、高齢者は絶対便利なところに住んだほうがいいと思います。

樋口　選択にはつねに悔恨がつきものなのよ。まあ、いろいろありますけれど、もう私はしようがない（笑）。

人生100年になったんですから、街づくりも変わるべきだし、老人は飲食店に恵まれた駅から近いところに住むべきだというのが、最大のアドバイスでございます。

上野　その通りに、実践しております。

樋口　調理定年でもう一つ言っておきたいのは、調理に定年が必要だというのは私が最初に実感したことじゃなくて、幼少期からの友だちを通して感じたことなんですよ。私は東京人だから、小・中・高・大と学校時代の友だちが近くにいるわけ。そして、それぞれ普通より出世した男と結婚して、みんな良妻賢母になっています。その彼女たちから来る年賀状の但し書きが、82歳くらいから変わってきたの。「あんなに好きだったお料理がこんなに億劫《おっくう》になるとは思わなかった」とか書かれたものが増えてきて。

そこから思い至ったのが、調理定年。男も仕事の定年が延びたとはいえ、80歳になっても働けと言われると嫌になるように、女も80歳になってやるのはつらいものですよ。ならば自発的に調理定年を設けるしかないと思って、長年連載をしている『明日の友』に書いたら、読者がそうだと声を上げてくれたわけです。

上野　そこはわたしとは微妙に世代が違う気がします。というのは、わたしたちの世代だと、夫の定年が主婦の定年という人が多いんです。今は65歳まで働けますから、面白いのは夫が仕事を辞めたいと思っても、まだお金になるうちは休むのは許さないと妻に言われる男たちがいっぱいいること。それも65歳までで、その後、夫は家にいるわけなので、これまで通りの役割を期待されても困るという妻は、わたしの世代では結構多いです。

樋口　私の世代は、最後の最後まで夫に尽くす人生を送る女がある程度多いわね。だから、調理定年という言葉が広まってから、思いがけない手紙もいただきましたよ。

「調理定年は自分の本音ですが、ここで退いては人間として失格だから、心を引き締めて料理を続けます。考え直すきっかけを与えてくれて、ありがとうございます」とね。調理をやめるのは女として失格じゃなくて、人間として失格だと。

上野　真面目な日本の女ですね。ある意味、意地ですよね。嫁の介護にも通じるように思います。相手がどう思っているかに関係なく、これをやらなければ自分の気が済まないという。

樋口　「意地でも調理」？

上野　そのくらい自分が主婦だというアイデンティティが強いんでしょうか？　それがなくなると自己が確立できないくらいに。

樋口　そうね。つらい話だけれど、女性のアイデンティティの足場というのが、それしかないんだなということも、その手紙を読んで思った。

上野　その方たちは、自分が先に死んで夫が後に残ったらどうするんでしょう？

樋口　基本的に施設ですね。

上野　やっぱり、残された男には施設しか選択肢がないということですか。

樋口コラム

孤食をオンラインで進化させよう

今回のコロナ禍に成果があるとしたら、一つは世の中にお弁当のデリバリーが広がったことです。私もシルバー人材センターのスタッフが来ない日は、適当に宅配弁当をとっています。私が利用しているのは「ベネッセのおうちごはん」というもので、毎回三種類から選べるようになっています。食材が豊富に使われていて、カロリーや栄養バランスも計算されていて、一個から届けてくれるので助かります。

大変結構なお弁当ですが、ヨタヘロ期まっしぐらの私は、外出が思うようにできず、気心の知れた友だちや仲間と一緒に食事ができないので、果たして今のお弁当が最適なのかがわかりません。それならば、とひらめきました。消費者意識を持って、じいさんばあさん消費者組合をつくり、オンライン食堂やクラス会を開くのはどうでしょう。そこでお弁当の品評会をやるというのもいけそうです。それぞれが自分のお弁当を食べながら、これはうまいだの、ダシが効いていないだの話すことを想像したら、ちょっと楽しい気がしませんか。

食べ収めは永遠にしない

樋口　歯が丈夫ということは、ものすごくありがたいことね。私は何でもおいしくバリバリといただけます。

上野　わたしも歯並びでは苦労していますが、歯の数はちゃんとあるので80歳で20本以上自分の歯を残そうという「８０２０」は達成しそうです。

樋口　立派！　この間『ラジオ深夜便　珠玉のことば特選集』（ＮＨＫサービスセンター／２０２０年）を読んでいて、ある栄養学者の方が「年をとったら少食でなんていうのは間違いで、高齢者こそ食べ盛り。しっかり食べて長生きしましょう」って書いておられた。まさにその通り。

上野　長生きする人のなかには、毎日ステーキを食べているという人もいますからね。

樋口　そう、だから食べ収めなんてないの。食べ盛りよ！

上野　樋口さんは美食家でもあって、宅配弁当もＯＫという幅広さですよね。とすると、施設のあてがいぶちの食事も文句を言わずにお食べになる？

樋口　それは上野さんの知らない半世代上の人の強みですけれど、戦争もコロナも知っているわれわれとしては、何でも食べられます。

上野　生命体として強さが違うんですね（笑）。ところで、「中流型栄養失調」でしたっけ？

樋口　「中流性独居無精型栄養失調症」ね。

上野　それ以降、食生活は変わったんですか？

樋口　はい。娘の徹底的な栄養指導が行われまして、毎日生野菜をボウルに1杯、ミニトマトなら必ず一回に6個は食べよと。

上野　6個？　すごい。ミニトマトなんて、わたしはせいぜい1、2個ですよ。

樋口　普通のトマトなら1個。娘がおっかないから、ちゃんと食べています。

上野　それで体調は変わりました？

樋口　変わった。まず食べたものが上から下に消化されていくのが非常に規則的になりました。それと、以前は空腹感もなくて仕方ないから食べていたのが、今はかすかに空腹感が戻りつつあるの。

上野　それは長生きをなさる！　これからも体調管理をなさってください。

わたしはおひとりさまですから食生活は不規則ですが、それだけに料理って義務じゃなくて非日常。いってみれば娯楽なんです。だから、時間があるときに豆を煮込んで冷凍したり、っていうこともしています。食べるのも好きだし、食べさせることも好きだから、みんなを集めて女子会をしています。

樋口　関西の方って食道楽よね。それが基本というのはいいことですよ。先日、上野さんのお家でご馳走になったお料理もおいしかった。

上野　「鴨とクレソンの失楽園鍋」ね（笑）。あれも『失楽園』（渡辺淳一　著／講談社／1997年／主人公の男女が情死の前に食べたという逸話のある料理）が出たときからのレシピだから、ずいぶん進化してるんですよ。

ということで、年寄りにとって大食いのやめどきなどナシと。

おひとりさまのやめどきは死ぬとき

樋口　この項目を用意したのは、上野さんの考えを聞こうと思ったからなんです。

上野　わたしは、おひとりさまをやめるときは、死ぬときだと思ってます。樋口さんは、これまでの話からすると、おひとりさまにはいつか在宅での限界が来ると思っておられるのですか？

樋口　そういう例もあると思っています。

上野　実は、最近の高齢者介護の現場でのキーワードが「在宅の限界」なんです。じゃあ、「在宅の限界」が来たらどうなるのかというと、施設入所が「上がり」。

在宅の限界にはいろいろあるけど、大きいのが認知症ですね。わたしの目下一番の課題は、認知症高齢者の独居の在宅がいつまでできるか。認知症といっても、緩やかに下り坂をおりていけば、なんてことないんです。だからわたしは、「在宅の限界」ということを言う人たちに、食い下がっています。おひとりさまのやめどきは死ぬときですよと。

樋口　私は難しい気がしますが、上野さんには最期まで頑張っていただきたい。あの世からお祈り申し上げます。おひとりさまでずっとやれる条件というのはあると思うけれど。

上野　寝たきりになったり、食べられなくなったら、認知症があろうとなかろうと同じ。施設に入った方より、同居家族がいる方より、独居の在宅の高齢者はご機嫌よく過ごしておられます。言い方を変えると、認知症の「周辺症状」とか「問題行動」の原因をつくっているのは周囲の人たち。ひとりのほうが、穏やかに機嫌よく下り坂を行けそうです。

樋口　この間、連載をしている読売新聞の「人生案内」に、90歳近いお父さんが病気になってしまって、今後どうすべきかという相談がありました。お父さんの病気は手術をすれば当分は生きられると。本人としては手術をして長生きがしたいし、すでに家庭を持って自立している三人の息子たちも、ちゃんと生きられるなら手術をしてほしいと思っている。ところがお母さんが、これ以上長生きされたらかなわないから、やめてほしいとおっしゃったそうなんです。

上野　すごい。それ、ご本人の目の前で言ったんですか？

樋口　家族会議の場で言ったそうです。それを聞いて三人息子が説得し、お父さんも考え直してくれと言ったんだけど、お母さんが頑として受けつけない。結局、お父さんは「じゃあ、わしゃ、このまま死んでもいいわ」と言い出して。どうしたらいいでしょうかというご相談。

上野　どう回答したんですか？

樋口　そういうときは命の主人公である本人の意思が一番だから、ご本人が生きたいというなら、まずその意思に添って母上を説得しましょうと。でも説得するには大事なことがあると思ったの。このご家庭はお母さん以外、全員男でしょう？　ひとり女の世帯っていうのは、一般に普通以上に主婦に負担がかかるわけよ。家族全員の甘えと依存と支配を受けてね。

上野　妻はもうたくさんだと思ってるわけね。気持ちはわかる。

樋口　そう。だから説得するなら、お母さんが苦労しなくても在宅ができる体制をつくってあげてほしいと書いたの。

上野　わたしだったら、もっと簡単に「世帯分離しなさい」って言いますよ。

樋口　息子との世帯分離はとっくにしているのよ。

上野　息子とじゃなくて、お父さんとお母さんの世帯分離。妻がケア役をしなくて済むように世帯を分ければいいのよ。同居してたら、つい世話しちゃうから、世帯分離が一番いいですよ。お父さんを独居の在宅でケアする体制をつくったらいい。今は介護保険でそれができるようになりました。

樋口　なるほど。自立した息子三人というのは、一般的にいうと娘三人よりは親にかけられる経済力が違うはずだから、人を頼むなりして、お母さんの負担をなくしてあげてということね。

上野　相談の回答に、お母さんの気持ちもよくわかりますって書かれました？

樋口　書きましたよ。《お父様の余命が放っておくと1年ほどで、手術をすれば長生きができそう。でも、四人の男たちの世話に追われたお母様のうんざりした思いも伝わってくる。お母様の気持ちはよくわかります》って。

上野　そのお母さんがそこまで言うって、よほどのことですよ。不満がたまりにたまってたんでしょうね。

在宅派？　施設派？

上野　ところで樋口さん、わたしにとって予想外だったのが、樋口さんは自宅を改築するという「ルビコン川」を渡って在宅派に完全にシフトなさったのかと思ったら、いやいや最期は施設かもと、この期に及んで言を左右しておられること。どうしてですか？

樋口　まだ決めていないんですよね。だから施設で死ぬというのも、今のところ、一つの選択肢であって、決してルビコン川を渡ったわけじゃないんです。川のほとりにたたずんで沈思黙考しているところ。前にも言いましたけど、高級有料老人ホームに入るお金は自宅の建て替えですっ飛んだものの、今は施設の価格も多様化してますからねえ。かといって、自由も欲しいしねえ……。

上野　樋口さんが入ってもいいと思うのは富裕層向けの有料老人ホームでしょう？

率直に聞きますが、社会福祉法人なんかがやっている特別養護老人ホーム（特養）とか介護老人保健施設（老健）で、これまでに入ってもいいと思われたところはありますか？

樋口　あります。最近、特養は個室ができてよくなりましたから。場所によっては有料老人ホームより中身がいいところがあります。私のまわりでも有料老人ホームから特養に移りたいという人がいますよ。その人の場合、有料老人ホームの毎月の費用は約50万円、特養なら30万円なんですって。

上野　それ、特養じゃないでしょう？　特養なら個室でもせいぜい15万円程度ですから。

樋口　場所によるみたいよ。都心中の都心だから。とにかく順番待ちがすごいそうだけど、年金と連動してそれくらいかかるんだそうです。

上野　それだけかかるなら在宅にして、ヘルパーさんにお願いすればいいのに。

樋口　その人は男性で、軽い認知症と抑うつがあるの。だから妻がまいっちゃって。でも本人はヘルパーは嫌だ、妻じゃなきゃダメだと。それで1年がかりで説得して、なんとか施設に入っているんです。

上野　ということは、今は他人の世話を受けているわけですから、在宅でヘルパーさんにお願いしても同じことじゃないですか。いずれにしても、毎月30万円かかる特養は例外ですよ。わたしが樋口さんに聞きたいのは、標準的な特養で入居してもいいと思えるところがあるかどうかです。

樋口　港区の白金にいい個室特養があって、そこなら入りたいと思った。でも、その前に港区に住民票を移さないとダメだから結局ムリね。

上野　それはそうですね。

樋口　そういう意味では、自宅から歩いて数分のところにある特養も最近できた個室型ね。自宅から近いのは、環境が変わらないという点ではいいと思う。ただ、入所するには食事の良し悪しとかを調べないと。まあ、動けなくなって入所するなら、ロケーションもそんなに影響しないのかもしれないけれど。

上野　しつこいけど、それなら自宅にいたらいいのにとわたしは思います。

樋口　私は、上野さんたちの一番気に入らない点は、在宅でなければいい老後じゃないと思ってるところ。そう思われちゃあ多くの人が困るのよ。

上野　わたしは在宅原理主義じゃありませんが、在宅をやめる理由がわからないんです。どうして、「在宅の限界」の先の「上がり」が施設入居なのか。現場の人たちにも、強固な刷り込みがあります。

樋口　そりゃあ、「おーい」と呼んでも誰もいない不安とかあるもの。それに私は在宅が悪いなんて一言も言ってないですよ。在宅のよさは絶対にあると思う。でも、それなら在宅というものの環境をもっとよくしないと。

小堀鷗一郎先生の在宅医療のリポートを見ていると、今、在宅でいる人の多くは貧困問題を抱えています。施設に入るお金がないから在宅でいるわけ。そういう人はやっぱり入所してほしいですよ。

上野　残念ながら、特養も老健も、お金があるか生活保護の受給者か、そのどちらかしか入れないですね。最近の特養は個室だけじゃなく多床室も増やしていて、多床室の場合、個室の半分の月7、8万円で入居できます。

たとえ毎月高額な費用を払ったとしても施設ってやっぱり切ないですよ。以前、月

70万ほどかかる都内の老人ホームに呼ばれて講演をしたことがあるんです。わたしは「施設いらない派」だから、そのことを話していいかと聞いたら、「いいです」っていうので引き受けたんですが。現地に行くと、本当に芸のない真四角な建物で。その建物の中廊下をひとりのおじいさんが行ったり来たりしてるの。「あの方、どうしたんですか?」と聞いたら、「認知症で、外出してもらったら困るので廊下を歩いてもらっています」って。毎月70万払ってこれ? って、情けなくなりました。

樋口　在宅の限界を決定するのは、たいていの場合、家族でしょうね。

上野　でしょう? ということは、これからおひとりさまがどんどん増えて抵抗勢力がなくなれば、家を出る理由がなくなりますよね。

樋口　おひとりさまのやめどきは、やめさせられどきでもあるわね。でも、先の「夫の手術、延命は嫌だ」という妻もいる。「在宅」を支えます、と言ってくれる(かもしれない)家族の数は減少するばかりです。介護離職も増えるでしょう。ひとりだけで「在宅」に耐えうる要介護者、最期まで自分で決定できる高齢者がどれくらいいるか。私はどうか。私は自分自身まったく自信がありません。

在宅介護者の意思をどこで誰が確認するのか、もっとはっきりさせてほしい。私が「在宅」を望んでも、ノーと言うかもしれませんし。

上野　わたしはおひとりさまですから、家族がいなくてよかった、と思うのは、そういうときです。

・家族と離れて暮らしている場合は、「死ぬ前に会いたくなったら連絡する。呼ばなければ立ち会う必要はない。お前たちの人生をしっかり生きよ」と伝えておけば、遺族も腹を据えられる。

その後、現場の経験値も上がりました。小笠原先生によれば、家族がいなくても独居の在宅看取りはハードルが越せるようになりました。それどころか、ここ数年、現場の方たちからは、独居の在宅看取りは「外野のノイズが少ないほど、やりやすい」という声も聞かれます。家族が同居していることは在宅看取りの必須条件ではなくなり、かえって障害にすらなることもあります。すべて介護保険20年の経験の蓄積の成果です。

上野コラム

在宅ひとり死の心構え

以前、岐阜市で在宅療養支援に取り組んでおられる医師の小笠原文雄先生と共著で『上野千鶴子が聞く　小笠原先生、ひとりで家で死ねますか？』(上野千鶴子・小笠原文雄 著／朝日新聞出版／2013年）という本を出しました。その際、在宅ホスピス緩和ケアを受けることで、苦しみを最小限にとどめながら、楽にひとり死ができるという答えをいただきました。また、死にゆく者に必要な心構えとしては、次のようなことを挙げていただきました。

・遺された日々を自分が納得できるように過ごすにはどうしたらいいかを考えること

・家族がいるなら、最期まで家で暮らしたい。入院したくなったら、自分から言うので、そのときはよろしくと、言葉で伝える

・死んでからでは話ができないので、機会を逃さず遺言を残すことも大切

投薬管理はされたくない

上野　自由も欲しいということですが、施設に入ったら管理されると思いませんか？

樋口　管理されると思う。例えば、処方薬も決まった分量を毎回きっちり飲まされるとかね。

上野　以前「高齢社会をよくする女性の会」で、服薬の調査をなさいましたね。あの結果を見ても思いましたが、わたしは将来、投薬管理なんてされたくありません。

樋口　60代後半の太りざかりだったときに大動脈瘤が破壊しかけたことがあって。ここだけの話、手術の後に処方された1日二錠の降圧剤が強すぎたから、勝手に一錠に減らして飲んでいた時期があったの。今は二錠に戻していますけど、当時は一錠にしたら、すごく快調だったんですよ。自己判断で薬を増減しちゃいけないんだけど、施設に入ると、まずもってそういうことができないわよね。目の前に薬の袋をばーっと並べて、ヘルパーの目の前で飲みこむまで管理されるわけだから。

上野　それが投薬管理の仕事ですからね。

樋口　それが嫌だから施設に入りたくないというのはあります。娘にはうんと怒られましたけど。

上野　でしょう？　わたしも本当にそう思ってるんですよ。しかも、認知症になったら投薬の中に「アリセプト（アルツハイマー型認知症、レビー小体型認知症の進行抑制剤）」とかが入ってきますからね。

わたしは「近藤教」の信者というわけじゃないんだけど、近藤誠さん（医師／1948～2022年）からはいつも著書をいただいています。『このクスリがボケを生む！』（近藤 誠 著／学陽書房／2019年）という本の中に「ケモブレイン」についての記述がありました。ケモブレインというのはケミカルブレインの略語で、要は普通の処方薬によって引き起こされる脳障害のことです。慢性病でずっと継続的に投薬をされている人たちに脳の障害が起きることがあると。その薬の中にたしか降圧剤も入ってました。

樋口　薬は確かに命を守ってくれるけれど、多すぎると体が拒否反応を起こすことも事実よね。私はそういうとき、体の声のほうに従って、それで死んだら自業自得だと思いたい。そう考えると、在宅のメリットの一つは、薬の増減を勝手にできるということもありますね。

上野　わたしもそう思います。「アリセプト」も「メマリー」も飲みたくない。

樋口　にもかかわらず、服薬調査でもわかるように、七〜八割の人が薬を飲んでいて「健康状態はどうですか？」という質問に、七〜八割が「まあ健康」と答えているの。

逆に今、自分で服薬管理している人は、自分ができなくなったら「誰もいない」と答えています。私は日本の在宅医療は服薬管理から崩れるんじゃないかと思っています。

局方の薬をもらっている人は私を含めてみんな半病人だとこれまで思っていたんだけど、それでも私なんかはこうやって普通に働いて暮らしているわけですよ。つまり、病みながら老いていく、病みながら服薬とともに日常を生きていくというのが普通のことになっちゃったんだなあと。

ということは、痛みを止める以外の薬をやめて、自然に死ぬという選択も、ある意味自然なことだと思うんです。

特に、最期の1か月くらいは薬を飲まずに死にたいと言って止めた方の例もありました。私も服薬を中止したら元気になって生き延びたりして。

上野　ありうる、ありうる（笑）。

点数がつくようになりました。薬剤師の発言の機会が、これからも増えていくように思います。と同時に、私たち患者の側も医師に対して薬への不安などをもっと率直に発言する必要があると思います。

166頁の図1を見ると、日頃の服薬生活の不安や心配については、約半数が「ない」と回答。医療への基本的信頼は高いものがあります。しかし、「多剤の副作用の心配」や「飲み忘れの影響」、「飲み続けている不安」などを訴えている人も少なからずいました。また図2では、日頃の服薬生活に関して「病気がち」の人は、副作用への不安がもっとも強いことがわかります。

樋口コラム

薬への不安を隠さないで

2018年、「高齢社会をよくする女性の会」では、全国の「高齢者の服薬に関する実態調査」を行いました。その結果、長く問題視されていた高齢者の服薬の現状が浮き彫りになりました。

この調査結果を見て、私がまず驚いたのは、「元気な病人」の多さです。自分の健康状態の自覚として「とても健康」「まあ健康」と答えた人が合計79パーセントにのぼったのです。そういう人たちは処方薬は飲んでいないかというと、回答者全体の八割が処方箋による薬を服用。一割弱の人は、なんと七種類もの薬を飲んでいました。

調査結果から伝わってくるのは、一定の年齢を超えると人は必ずといってよいほど医者通いをして薬をもらっている、ということです。そして、薬が多すぎると思っても、なかなか医師にそのことを告げられずにいる高齢者が多いことがわかりました。また、薬剤師のほうが話しやすく、薬局で「先生に伝えてほしい」と頼む高齢者も。

2017年の診療報酬改定で、薬剤師が医師に対して多剤を処方された患者への減薬を提言・実現させると

図1／日頃の服薬に関する不安や心配

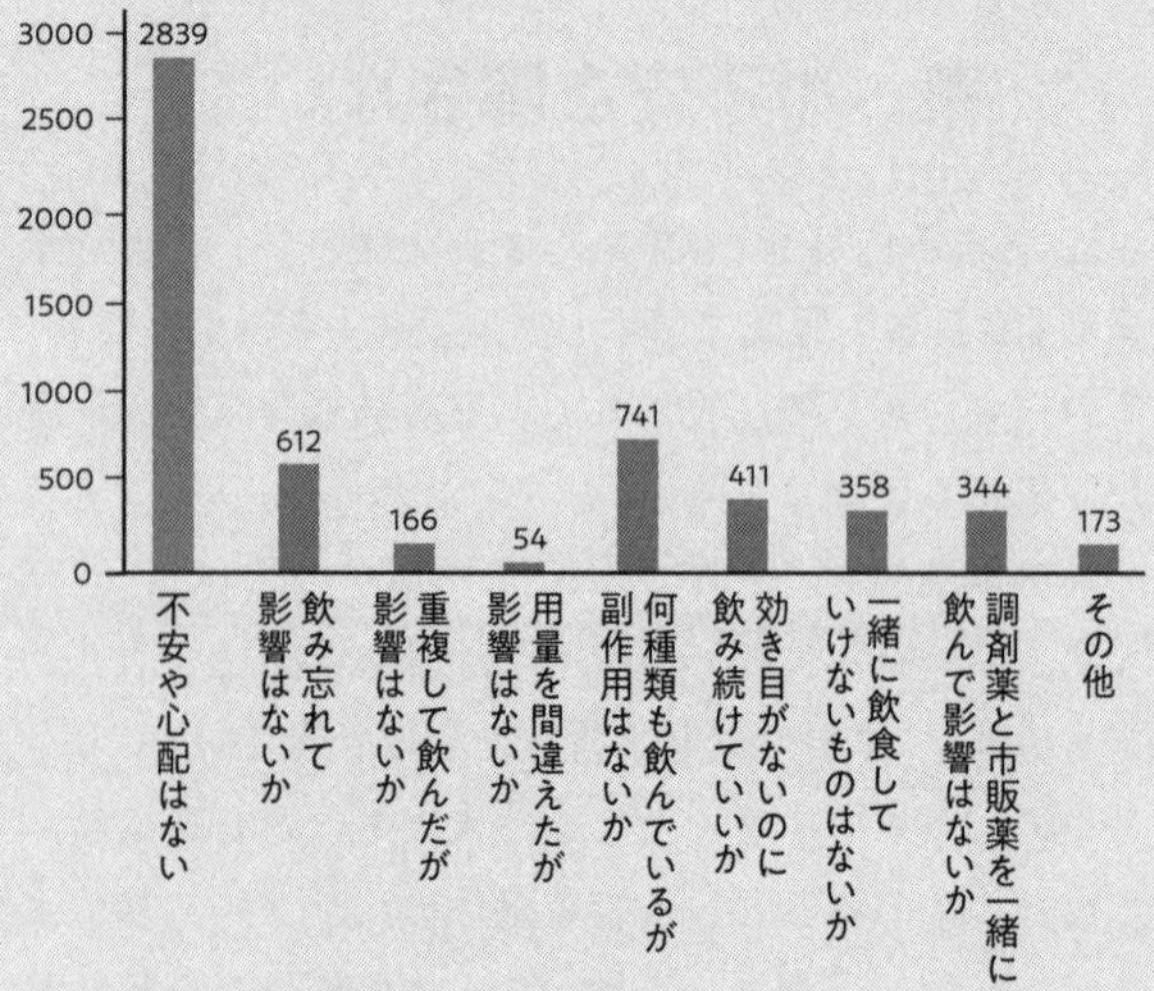

図2／健康状態別 服薬生活での不安

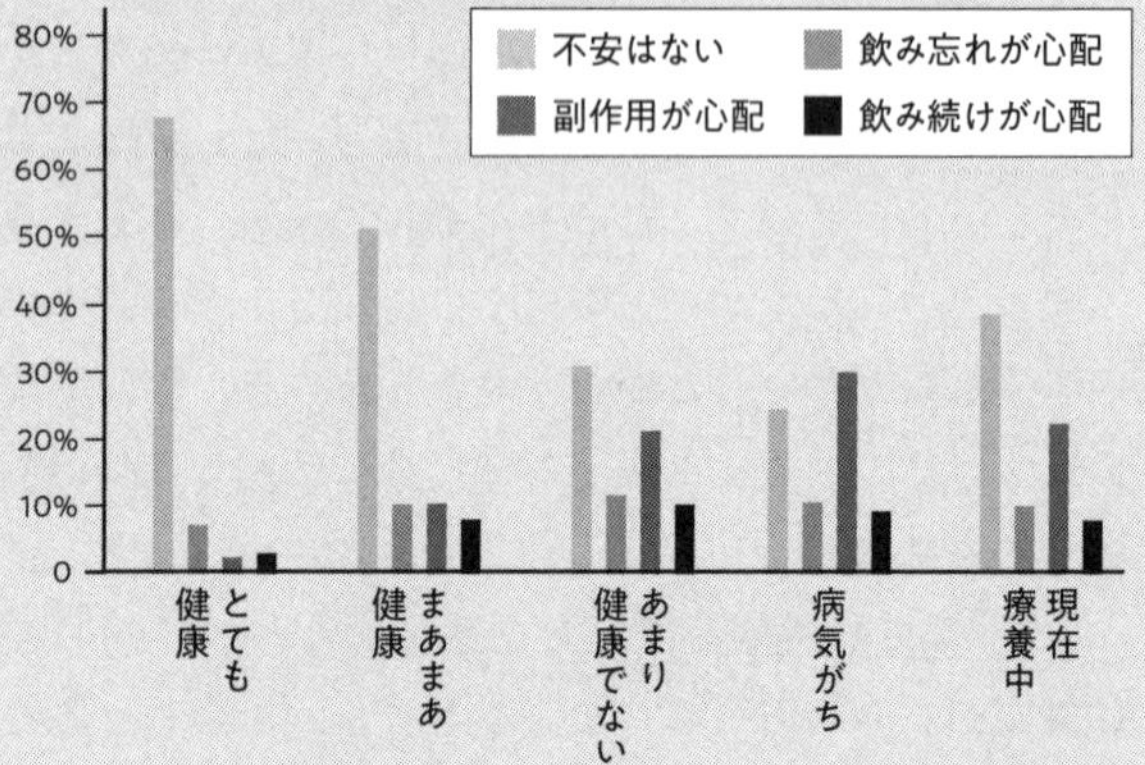

「高齢者の服薬に関する実態調査」（2018年実施／高齢社会をよくする女性の会）より

これをしたかった、あれもしたかった

樋口　豊臣秀吉の遺言は、覚書も含めると三つあると言われていますが、私がもっとも心にしみるのが、前述した「秀頼を頼み参らせ候」のあとに出てくる「名残惜しく候」という言葉なの。私も、その期に及んだら何と言うかはわからないけれど、きっと名残惜しく感じるに違いないわ。

上野　わたしはないかなあ。これをやり残しては死ねない、という感覚がいっさいありません。

樋口　あなたはいつもやり尽くしているもの。

上野　いや、もっと若いときからないんです。自分の仕事なんてしょせん時流のものだし、これだけはやり切らないと死ねないとか、この本は自分の死後に残るだろうなんて考えたことがないの。だから、この人生にわたしを引き留めるもの、しがらみというものが何もないんです。それって子どもを産んだら違うのかと思って、まわりの子持ち女性に聞いてまわったところ、答えがものすごくバラバラなことに驚きました。

例えば、子どもを結婚させるまでは死にきれないという人もいれば、子どもが3歳のときに親の自分は死んでもいいと思った、と言った人もいて。3歳と言った人は、あるとき3歳になったわが子を見て「あ、この子は私がいなくても生きていける」と思ったんですって。

それでこの対談では、ぜひ樋口さんに生きる理由の賞味期限がいつまでなのかを聞いてみたいと思っていたんですが、対談の最初のほうで、お嬢さんを一人前に育てたときに役目が終わったとおっしゃいましたよね。動物的にいうと、もうそれで死んでもいいとなりますか?

樋口　今年88歳になってつくづく思うのは、私はこれまで自分の器以上の仕事をさせてもらったということなんです。上を見たらきりがないけど、上にいる人たちは私みたいにヘエタラ生きている人間よりも、ずっと努力をしています。翻って私は、自分自身の資質や努力に対して、運がかなりいいほうだと思うの。だから、いつ死んでもいいくらい満足しています。

上野　それは仕事をやり尽くしたという気分ですか?

樋口　というか、もっとポピュラーな意味ね。要するに、偉くもない自分が器以上の仕事をさせてもらって、そこそこ名前が知られるようになって、いろんな意味で恵まれていて、そりゃあ、心からありがたいと思っていますよ。にもかかわらず――。ここから先が問題なのだけれど、一寸の虫にも五分の魂というものがあるせいか、これまで話してきたように、これをしたかった、あれをしたかった、というものが今もって山のごとくあるわけです。

上野　わたし、つくづく思いました。樋口さんはわたしよりずーっと欲が深いですね。そういう欲はわたしにはないもの。

樋口　うん、上野さんのほうがサバサバしていると思う。私のほうが断然、執念深いわね。だから『人生のやめどき』なんていう本の企画にもすぐにのっちゃうし、そういえば上野さんとはまだ対談していなかったなあなんて思って、上野さんを口説いて今こうしてお話ししているわけだし。

上野　対談の件はおっしゃる通り。わたしにとっても、樋口さんとじっくり一対一で話すこんなチャンスは二度あるかどうかわからないので、通り一遍のものじゃなく、率直にものを言わせていただこうと思って、臨んでいます。
樋口　生きているうち上野さんと話しておきたいという思いは、これで果たせたわけだけど、ほかにもまだいくつか約束している本の企画もあるから、それを書き上げるまでは人生やめられませんわ（笑）。途中で死んだら、客観的に何でもなくても主観的には挫折ですね。

激動の時代を生きてきた

上野　話は変わりますが、さっき樋口さんが運に恵まれてとおっしゃったのですが、今から選び直せるとしたら、どの時代に生まれたかったですか？
樋口　少なくとも就職で私世代のような極端な差別を受けない、もう少し女を採用してくれる時代に生まれたかったわね。昭和ヒトケタじゃなくて。
上野　今の言葉で、以前、WANが主催したシンポジウムで、樋口さんが同席した望月衣塑子《いそこ》さん（東京新聞記者／1975年〜）に向かって「私は悔しい」とおっしゃったのを思い出しました。「もし、30年遅く生まれていたら、望月さんのようにもっとフットワークよく活躍して、ドコソコ新聞に樋口ありといわれるような記者になっていただろう」と。

樋口　そういうことは、いつも思ってます。だから私は大きな状況からいえばとても恵まれていたと思うけれど、就職という場面から見たらそうでもない。それは時代のなかの女性の立場と深くかかわっているわね。

東京家政大学を定年退職するとき、「女性の150年年表」というのをつくりました。明治時代から今日までの歴史の中で女性をとりまく状況はどう変わってきたか、という年表ね。それを見ると、1945年に敗戦を迎えた後にウーマンリブとか女性差別撤廃条約が伝わってきて、社会的にはショックを与えたけれど、法律や制度が変わったのは、そのずいぶんあとの1985年以降ですよね。つまり、戦後40年は、少なくとも女性の生き方とか働く場とかは微動だにせず家父長的家制度と男尊女卑、性別役割の中に女は囲いこまれてきたということなんです。

上野　運に恵まれたと思うのは、女が不運な時代を生きたからこそ、なんですね。要するに、その変化を体感して、自分たちの力で新しい変化をつくり出すことができたと。その実感がご自分の中にあるから、激動の時代に生まれたことへの感謝もあるわけね。

実は、わたしにも同じ思いがあります。フェミニストの大先輩の駒尺喜美さん（元法政大学教員／1925～2007年）が五木寛之さん（小説家／1932年～）との対談の中で、「自分の目の黒いうちに、区別が差別に昇格するとは思わなかった」という名言を吐いておられます。男と女はまったく別の生き物だから比較することすらムダだと思われていたのが男女の「区別」、それが、あってはならない不当な「差別」に変わった。それを駒尺さんは「昇格」と呼ばれました。これは歴史に残る名言だと思います。そういう激動の歴史が20世紀後半に起きましたからね。

樋口　とにかく、駒尺さんを含めて最近まで生きていたフェミニストたちは、みんな運がいいんですよ。時代の変化を実際に見られましたから。

上野　そうですね。自分がその時代と道行きを共にできてよかったという気持ちはあります。もし10年早く生まれていたらわたしは社会に出ることもままならず、おそらく片田舎で怒り狂って死んだと思う。でも、もし10年遅く生まれたら、わたしは意外とマネジメントの才覚があるからビジネスウーマンとして成功していただろうなと、実はひそかに思っています（笑）。

樋口　じゃあ、もっとお金持ちになっていたかもね。

上野　そうそう。

樋口　でも、変化の時代に生きられて、よかったじゃないですか。

上野　そうですね、楽しく生きています。

樋口　私もそうよ。ただ、そうだとしても「名残惜しく候」なの。それは私が88歳だから思うことであって。いよいよ本当に終わりが見えてきたからこそ、あれもこれもと思うのよ。

上野　じゃあ、樋口さんの人生のやめどきは当分先ですね。

樋口　そうね。私のやめどきは「諦めどき」。そう主体性があるものじゃないですなぁ。要は、足が動かなくなって、ボケが進んで、嫌でも足腰がヨタヘロ期を教えてくれたとき、だわね。

最期まで自己決定するために

樋口　人生のやめどきについては、まだ話したいことがあります。私は常々、自己決定をする人間になりたいと思って生きてきたの。だから、京都で地域医療に専念された早川一光《かずてる》先生（医師／1924～2018年）のお亡くなり方が最初は疑問でした。

上野　どういう意味で？

樋口　早川先生のお嬢さんが書いた『早川一光の「こんなはずじゃなかった」』（早川さくら著／ミネルヴァ書房／2020年）という本に、先生が家族に囲まれながら医療・看護・介護を受けるなかで、最後に中心静脈栄養にして、さらに高栄養点滴に切り替えた後、それまで口にしていた「怖い」「さみしい」「しんどい」という言葉のうち、「しんどい」しか言わなくなった、というくだりがあったでしょう？　それで、白目がまっ黄色になって、みるみる皮膚も黄色くなって……、あの延命処置はご本人に意識があったら望まれたかしら、と。

上野　その本は読みましたけど。延命処置をすることは、どなたが決めたのでしょう？

樋口　ご本には、周囲の決めることが多くなっていったと書かれていました。そのことについて早川先生からも、もうやめてくれというふうな指示はいっさいなく、病が深まれば深まるほど、家族の意思が強くなっていたと。それで、中心静脈栄養を選択しないのは殺人ではないかという声が周囲から出て、そういった延命治療になってしまったようね。在宅医療に貢献した早川先生としては、事前指示をしておいたほうがよかったと思う。でも最期の言葉が「怖い」「さみしい」「しんどい」。その通りだと思います。「こんなはずじゃなかった」というタイトルを含めて。死に方を選ぶといっても限度がある、ということですね。

上野　早川先生は、最期はご自宅で旅立たれたようですが、自分は病院には行きたくないという事前指示はなさらなかったのかしら？

樋口　レビー小体型認知症の幻聴・幻覚が強かった時期は、病院で治療せざるを得なかったみたい。特に、最後の高栄養点滴を入れるようになってからのお苦しみは、本を読んでいても本当につらく思います。他人の死に方は、その前にどんな倒れ方をするかによるから、あとから「ああの」「こうの」言えない、と思いますね。

「ありがとう」が出てきたらそろそろ

上野　読者の反応としては、早川先生ともあろう人が、最期まで「怖い」「さみしい」と言い続けて死んだことが、彼の最大の功績だというものもありましたよ。

樋口　それはそうですね。よくぞ言ってくださったと思う。その「怖い」、「さみしい」というのが、豊臣秀吉の「名残惜しく候」に通じると思うし、人間というのはもっと生きたいと自然に思う存在だから、そうやって世の中に未練を残しながら死ぬのが普通の死に方。私も未練たっぷりに、この世を去りたいと思ってます。

上野　早川先生はずっと人の世話をする側として生きてこられたから、一転して人に世話をされる立場になったことの無念さや口惜しさがあったと思います。でも、彼にはその思いを口に出していう相手が傍らにいたということですよ。相手がいなきゃ、言いたくても言えません。それって家族持ちの甘えといえば甘えですよね。独居の在宅で、そういう弱音を一言も言わずに死んでいった人の話をいくつも聞いていますから。

樋口　家族持ちの甘えねえ。

上野　そう。声を出せば届く距離に聞いてくれる相手がいるから、言い続けるというのはあるでしょう。ある意味、お幸せです。

樋口　そう、早川先生はお幸せでした。けれども、最期の最期しばらくの苦痛は余分だったと、やっぱり私は思うなあ。もう十分「怖い」「さみしい」「しんどい」と言ったんだから、その辺で逝かせてあげたかった。

最初に造血部門のがんが見つかったとき、このまま放置すれば数か月の命だと言われたんですって。そこで治療しないという決断をしようとは、私もまったく思いませんよ。もちろん、治療してほしいと思うけれど、最期の最期はどうだったんでしょう。誰も決定できないならば、やはりご自分が前もって言うべきとは思いますけれど、ね。

上野　ご家族のご希望とはいえ、主治医が延命治療の苦しみを知らないはずはないと思うんだけどなあ。今、在宅医療の常識は急速に変わっていますからね。

以前、横浜・寿町で在宅看取りをしている山中修ドクター（日本医師会赤ひげ大賞を受賞した在宅医／1954年〜）に「死にゆく人ってさみしいものですか？」と聞いたことがあります。そしたら、「怖い」とか「さみしい」という言葉は、寿町のおじいちゃんたちの口からは出ないと。彼らから出るのは「ありがとう」。この言葉が出始めたら、そろそろだと思うんですって。それはそれで、ものすごく感銘を受けました。看取る親族や知人は誰ひとりいないから、ドクターも「ご臨終です」とは言わない。伝える相手がいないから。その代わりに頭を下げて、「お疲れさまでした」と言うそうです。

樋口　やっぱり私も、お礼は言って死にたいわ。「怖い、さみしい、ありがとう」って（笑）。これは忙しいわね。だけど、今だって、こんな浅学非才の私がこうして生かしていただいているのは、「高齢社会をよくする女性の会」のメンバーをはじめ、皆さまの助けがあってこそですから。

自分をおりて穏やかに過ごす

上野　今、認知症に一番強い関心を持っています。この間、認知症専門の木之下徹医師に脳のMRIを撮ってもらいました。自分の今の脳の状態を記録に残しておこうと思って。

樋口　私も撮ってもらった。

上野　早川先生はボケていなかったから、最期まで自分からおりられなかったかもしれませんが、認知症になってそのことを公表された長谷川和夫医師は、長谷川和夫からおりていっています。森崎和江さんも、あれほど聡明で知的な方でも認知症になられて、今施設に入っておられます。それを知ったのは、息子さんから来た手紙でした。その中に「母は、森崎和江からおりて穏やかに過ごしております」と書いてありました。素晴らしい表現だなと思ってね。樋口恵子からおりる。上野千鶴子からおりる――。

樋口　私なんか、もうボケてますよ。

上野　わたしや樋口さんみたいな人間には、「あの」樋口恵子、みたいな指示代名詞がつきまとうでしょう。そういう人でもいずれ、本人が本人をおりていくわけです。森崎さんの息子さんからの手紙を読んで、ああそうか、そうやって最期は自分からおりられるんだ、ということが何だか慰めになって。認知症は単に忌むべきものじゃなく、自分にとってのある種の希望になりました。

樋口　いいお話ね。

上野　長谷川和夫先生の奥さまも立派だなと思うのは、認知症を患ってからの長谷川先生は落とし物をしたり、財布をなくしたり、いろんな失敗をなさるんですって。普通、財布をなくしたら、落ちこむじゃないですか。でも奥さまいわく、「そういう自分の不始末も忘れっぽいので、堪《こた》えていないようで、何よりです」って。そんなふうに穏やかに機嫌よく、誰からも責められたりせずに、認知症になっても自宅で暮らせたら最高じゃんって思います。

樋口　ボケ方もいろいろですけどね。

上野　そうなんです。機嫌のいいボケ方ができたらいいですね。

樋口　私も、かつての同級生がボケてもう7年になるの。たまにお見舞いに行くんだけれど、3年前くらいまでは私たち同級生が来たことをわかってくれたんだけど、最近はもう誰が来たのかわからない。ただ、何となく自分に好意を持っている人が来てくれたと思って、ご機嫌はいいんですけれど、枕元に飾ってある夫の写真を見ても、「誰だったかしら」という感じね。

上野　素晴らしいじゃないですか。妻からもおり、母からもおり、自分からもおり……。

樋口　でも、そうなると、お見舞いの足も遠のきますね。それはそれでいいのかしらね。つらいですけどね。

上野　今は介護保険のおかげで支えてくださる方がいるし、社会的にあの世の人になっていけばいいんじゃないですか。

母親と確執のあった娘なんかは、そうやって人が変わった母親を見てやっと和解ができたと思ったりするし、反対に自分を抑えて生きてきた母が認知症になって天衣無縫にふるまうようになるのを見た娘が、お母さんの晩年にこういう時間があって本当によかったと思うこともあるそうです。こういう話を聞くと、ボケるのも悪くないなあと思ったりもするんですよ。

40歳からの遺言書

樋口　いろんな人から親の死に際の話なんかを聞いていると、例えば遺言を書いてきちんと配分しておこうと思うのは、自分が死ぬ半年くらい前らしいですね。本当に、もう息をしているだけという状態になると、意識はあっても、もうどうでもええわってなっちゃうみたい。そうなると、終活もなるべく早めがいいですね。これは日野原重明先生（医師／1911〜2017年）からの直伝でもあるんです。「樋口さん、遺言とか、遺族に言いたいことがあったら、なるべく早めにおっしゃることですよ」って。

上野　遺言は書いてらっしゃるんでしょう？

樋口　「高齢社会をよくする女性の会」にどれだけのことをするかというのは公正証書にしてあります。それ以外は、どこにいくら寄付するとかは部分的にしか書いてませんね。相続人はひとりだから、うちの場合は争いがないので。

上野　わたしは40代から書いてますよ。43歳のとき、1年間海外に出たんですが、数えてみたら年間計五三回、飛行機に乗りました。こうなると落ちるのは単なる確率の問題だから、書いておこうと思って。それから何年かごとにバージョンアップさせています。

樋口　やっぱり、おひとりさまは覚悟が違うわ。

上野　ところで、ACP（Advance Care Planning＝人生会議：自らが望む人生の最終段階における医療・ケアについて前もって考え、医療・ケアチーム等と繰り返し話し合い共同決定する取り組み）はどう思われます？

樋口　私は自分の意向を書き添えた名刺を、保険証のケースに入れて携帯しています。《意識が混濁し、かつ回復不可能なときには、延命のみを目的とする治療はお断りいたします。ただし、苦痛の除去に関する治療はよろしくお願いいたします》って。パートナーを見送って、つくづく延命だけの医療は嫌だと思ったものですから。それを書いて、もう20年近く保険証の中に入れて、その意思を娘や知人らにも伝えているの。

上野　樋口さんは、ACPには賛成ですか？

樋口　基本的にはね。でも、ACPもいろいろですね。そもそも自分の最期を人生会議なんていうもので決めてほしくない。もちろん、自分の意見を聞いてもらうことは大賛成ですが、会議で多数決で議決なんかされちゃかなわない。

上野　最近の英語圏の言葉だと、ＳＤＭ（Shared Decision Making：共同意思決定）といって、子どもや医療関係者やご親族と合意したうえで、本人の生き方に沿った治療法を選ぶということだそうです。

樋口　最近、読売新聞で「私と人生会議」というタイトルの八回シリーズがあって、その最終回は私の談話で締めくくられているんです。でも、私の談話なんかを超えて、それまでに登場したケーススタディが興味深いの。死がそれほど差し迫っていないせいもあるんだけれど、患者さんが主人公となって自分の話を周囲の人たちに聞いてもらうことで、ある意味、患者さん自身が変容していくのね。最期まで社会の一員として周囲の人とコミュニケーションがとれる。そこでの会話によって結局どうするかということなんて何も決まっちゃいないんですよ。でも、ＡＣＰによって患者さん自身が人との信頼関係を取り戻せるということは、とてもいいことだと思うんです。

上野　そんなの当たり前じゃないですか。ＡＣＰ以前の話ですよ。

樋口　そうよ。でもそれができていない現実がありますから。

上野　メディアが感動ストーリーを紹介して、全体としてACPはよきものという論調になってもらっては困ると、今、聞いていて思いました。確かにACPにはポジティブな例もあるだろうし、その新聞連載にはいい事例が載っていたんだと思うんですが、わたしはそうではない可能性のほうを恐れています。

典型的なのが、公立福生病院の例です。腎臓病の女性患者に人工透析治療の中止の選択肢を示して、中止を選んだ患者が1週間後に死亡したでしょう？　あとで、治療の開始にあたってACPの文書の提出を求めていたことがわかりました。この先、ACPブームが起きたら、病院の治療開始にあたっても、施設入所の際にも、ACPの文書を提出させて、署名を要求するようになるのではないかと心配です。「気持ちはいくらでも変えられます」「決めたことを後で翻してもかまいません」と言われても、日付を入れて署名させること自体が、すでにハードルを上げています。こんな手続きが、今後日本中に怒濤《どとう》のごとく広がると嫌だなと。わたしの尊敬する介護業界の方たちはこの問題をどう考えておられるのか。「私は推進側の立場だけど、ほんとは嫌なのよね」という方を、わたしは信頼しています。

最期にどんな医療・ケアを望むか

樋口　私は、ACPが一つの手続きみたいになって標準化されてしまうことに反対。でも話は聞いてほしい。

上野　わたしも反対ですが、いずれそうなりますよ。

樋口　ひとりの先行きの短い人間としては、やっぱり苦しみたくないし、長引かせたくないしと思っているのも事実ね。

上野　普段から、お嬢さんにそう伝えておけばいいんです。

樋口　娘にはもう言ってあるし、さっき話したように20年も前から私は保険証の中に意向を書いた名刺を入れてますよ。

上野　それでいいことなのに、ことさらこの時期に、人生会議というよくわからないニックネームをつけて全国的に推進しなくてもって、思いません？　人生会議なんて名前をつけなくたって、十分なコミュニケーションを重ねていれば、それで済む話ですから。

樋口　人生会議ならぬ樋口会議ね。署名した書面が下手に使われて、ACPの書面がないと入院もできないなんてことになったらおおいに困るわ。拒否することができるようにしておくべきね。

ただ、上野さんみたいに真っ向から絶対反対ということもできるけれど、私のパートナーの3年2か月に及ぶ闘病生活を見ていて、私だったらあんなふうに生きたくないと思ったのも、自分としての実感であり現実です。

上野　3年2か月の闘病って、それはご本人の選択だったんですか？　それとも樋口さんの選択？

樋口　樋口さんの選択というよりは、当時は気管切開という救命措置はしなきゃいけないものだったの。私はどうしても行かなきゃいけない講演旅行を控えていて、医者から気管切開の同意を求められたわけ。「舌根沈下といって舌の根元が咽頭に落ち込んで気道を塞いでしまっているから気管切開をしたいがいいか」って。「同意しないとどうなりますか」と聞いたら「気管が塞がって確実に死を招きます」と。「それに今、気管切開しなければ、患者を放任したことになり、われわれは罰せられます」と言うから、「じゃあ先生方にご迷惑をかけるのは申し訳ないので」と、署名してハンコを押したわけ。それ以来、3年2か月、身動きもできず。

上野　意識は？

樋口　ある程度、あったわね。でも、何も言わずに死んじゃったから、貯金通帳からお金をおろすこと自体、ベッドサイドに弁護士と銀行の支店長を呼んできて、彼の意思を確認したの。彼は右手の親指一本と瞬《まばた》きができたから、「あなたの預金通帳からおろすことを、ここにいる樋口恵子さんにお任せしていいですか？　よければ親指を立ててください。悪ければ立てないでください」という感じ。

上野　法律婚じゃないから、そういう手続きが必要だったのですか？

樋口　そうそう。事実婚でしたからね。法律婚でも本人確認は必要だと思うけれど、でも、本当に指一本でも動いてくれたおかげで、お金の問題は解決しました。

胃ろうを拒否した夫に思いをはせる

樋口　ここからは私の身勝手な話なんだけど。3年2か月、命を保つために栄養は鼻腔栄養で、排泄一つするにも大変な騒ぎでね。看護師さんには本当に頭が上がりませんでした。その状態が3年2か月続くわけですよ。ただ、彼は二つの大学で教えていたから、その間も枕元には両大学の学生たちがやってきて、音楽を聞かせてくれたり、バカ話をしてくれたり、賑やかでした。だから、彼の晩年が貧しかったわけではなく、とてもハッピーな3年2か月だったとも思うんです。

そのなかで忘れられないのが、胃ろうの選択ですね。「病院から胃ろうにしますか？」という話がきて、私は鼻腔栄養のつらさを目の当たりにしていたから同意書にサインをしたんだけれど、最終的に、彼が右手の親指で胃ろうを拒否したの。

上野　同意書にサインをする際は、ご本人に意思を確認されましたか？

樋口　ある日、私が病院に行ったら院長が呼んでいるというから院長室に行ったんです。すると、「今、鼻腔栄養で栄養をとっているけれど、最近は胃につけたチューブから直接栄養を入れる胃ろうという外科手術が発達していて、その処置をすると摂取できる栄養の種類も豊富になるし、寿命の延長にもつながるし、今よりはるかにいいと思うけれど、いかがですか？」と聞かれたわけ。私は、医者の言うことにはなるべく従うようにしていたから、「じゃあ、よろしくお願いします」と、ハンコを押してサインをして。でもその後で「やっぱり本人の意向を聞かなきゃいけないので、最終的に本人が了承してからでお願いします」と言い添えて、大学の授業時間が迫っていたからキリキリしながら病室に行って、「今、院長先生のところに行ったらカクカクシカジカで、寿命も延びるそうだし、栄養状態もよくなるしってすすめられたから、サインしちゃったわよ、いいわね？」と言ったら、彼は右手の親指をタテに動かしてイエスの返事をしたの。ただ、その動かし方がとっても微《かす》かでね。何だかちょっと……と思いながら病院を出ようとしたら、ちょうど彼と仲のいい総婦長さんとばったり会って。それで私がまた早口で「カクカクシカジカなんだけど、どうも頷《うなず》き方がハッキリしないんですよ。婦長さん、今夜に胃ろうがどういうものかを説明して、許諾をとってくださいませんか？」とお願いしたの。許諾がとれたら、翌日の朝10時から手術をすることになっていたんです。もちろん、総婦長さんには「説明して本人がもしノーなら、胃ろうの手術は中止でお願いします」とも言いました。その結果、彼は拒否をしたんですよ。
上野　胃ろうが嫌だったのね。
樋口　当時はまだ胃ろうの技術ができて間がなかったから、彼は胃ろうというものをよく知ったうえで拒否したんじゃないと思う。じゃあ、何が嫌だったのかというと、その理由、3年くらい経ってからなんとなくわかりました。

死への答えはまだ出ない

樋口　そもそも彼が入院する羽目になったのはヘルニアになったとき、ムリをして手術の時期を逸したことで脳梗塞を起こしてしまって。つまり、彼が胃ろうを拒否したのは、もう身体への侵襲はこりごりという思いからだったんじゃないかと。でも考えてみたら、私も総婦長も、彼に説明するとき、胃ろうで寿命が延びるという言葉を使っていたの。だから、彼はこんな不自由な体になって寿命が延びるのはもう御免という思いもあったのかも。そう思うと、急にかわいそうになっちゃって。だから、彼が死んで21年経つ今も、どっちが本当の理由だったのかわかりません。彼は人の気持ちを大切にする気遣いの男でしたから、みんながお見舞いに来てくれるのはうれしいけれど、これ以上、迷惑はかけられんと思って拒否したのかもしれないし。

そんなことがあったから、私は排泄一つするのにも人の手を借りて、ただ生きているだけという人生を長く送りたくないんです。それを言うと、ある病院のお医者たちが、「樋口さん、死には一人称の死と二人称の死があるんですよ。そこは一致させなくては一人前の資格がありませんよ」なんておっしゃるので、私は資格なんてなくていい！　と。死への答えはまだ出ないけれど、死への標準的手続き化みたいなものには抵抗を持ちます。同時に、食事から排泄まですべて人の世話になって生きる人生を長期間受け入れるかと言われたら、私の気持ちとしてはノーに近いですね。障害を持った人の生きる権利に触れる、と言われたら返す言葉はありませんが。

上野　聞いていいですか？　パートナーと同じ立場に樋口さんがなったとして、お嬢さんがかつての樋口さんの立場だとして、お嬢さんが胃ろうを決定したらどうなさいます？

樋口　コラッて言う（笑）。

上野　コラッも言えない状態だったら？

樋口　じゃあ彼がしたように親指一本でノーって言う。娘は十分承知していますし、厄介な親を長く抱えこみたくないほうだから、大丈夫です。

上野　そのときになってみないと、わかりませんよ。

樋口　結局、人はあれもやりたい、これもやりたいと思いながら死ぬんです。だけれど、それこそ理想の人生で、最期までしたいことが残っているなんて素晴らしいことだとも思うわけ。長生きすると、未練も深く長くなる。それこそ成功した人生ではあるまいか、と思います。最近のＡＬＳ患者を医師が報酬を受け取って安楽死させたことへの批判は当然ですが、そういうとき「死にたい」という人の権利はやはり無視されて当然なんでしょうか。

上野「死にたい」人に、生きていける選択肢を示さない／示せない社会のほうが問題だと思います。

やかかりつけ医などと話しあっておくことが、将来を見据えた自分の生き方にもかかわってきます。

まずは自分の人生をどう閉じたいかについて考え、身近な人たちと話しあうこと。そしてその内容は環境や体調の変化によって変わるものだと理解し、繰り返し話しあいを行うことが大切です。以前の考え方を否定する自由、少数派でも自由に発言できる自由が何より大切だと思います。

樋口コラム

ACPは繰り返してこそ意味がある

ACPとは、自分が希望する医療・ケアを受けるために、大切にしていることや望み、どのような医療やケアを望んでいるかについて自分自身で前もって考え、家族や医療関係者らとあらかじめ話しあい、共有しておく取り組みのことです。2018年に日本では公募によって「人生会議」という愛称がつき、また、11月30日(いい看取り・看取られ)を「人生会議の日」とし、人生の最終段階における医療・ケアについて考える日としています。

将来、体の具合が悪くなったときに、受けたい、あるいは受けたくない医療行為の希望を表明しておくことを事前指示といって、その内容を文書にしたものが事前指示書と呼ばれています。事前指示書が自分の思いをあらかじめ提示しておくのが主なポイントなのに対し、ACPは家族や医療・ケアの担当者と話しあって確認するという行為が大事な点です。重い病気となって回復が期待できない場合、人工的な栄養補給として胃に管を通して栄養を入れる胃ろうや点滴で栄養を入れる静脈栄養法、また呼吸ができなくなったときの人工呼吸器などの延命処置を希望するかどうかも、家族

2022年12月収録

90歳の樋口 VS. 74歳の上野

75歳からの転倒適齢期

樋口　上野さんのほうはご健康は問題なく？

上野　ちゃんと変化がございました。わたしも3年経つと順調に加齢いたしまして。この秋、初の転倒体験をしました。樋口さんは常日頃、「つまずいて転ぶのが70代、何もないところで転ぶのが80代」とおっしゃっていましたね。

樋口　そうそう。上野さんもいよいよ転倒適齢期ですね。

上野　はい、その通りです。

樋口　75歳からですよ。

上野　コロナ禍の間中、家にいてひきこもり生活をしていましたが、久しぶりに娑婆《しゃば》に出た際、新幹線の駅の上りエスカレーターでバランスを崩して転倒しました。腰を強打して腰椎圧迫骨折、人生初体験です。これをしたらまわりのおネエさまがたから、「あら、あなたも転倒組の仲間入りね」って。皆さん私も私もって、転倒組が山のようにいらっしゃいました。わたしも順調に仲間入りしています。

樋口　転倒適齢期と申し上げていますが、その年代の高齢者が自宅周辺で転倒して死亡する例は東京都監察医務院の調査から見ましても、とても多いんですよ。

上野　転倒でどうやって死ぬんですか？　打ち所が悪くてとか？

樋口　そこが出発点です。上野さんは九死に一生を得たとまでは言わないけど、いいほうだったわね。

上野　腰椎は骨折いたしましたけれど、幸い頭を打たなかったので。頭を打っていたら大変だったと思います。パソコンの前には座れるので、「頭と口は大丈夫です」と皆さまにはお伝えしておりました。

それにしてもつらかったです。飲み薬が効かないので、座薬の鎮痛剤をつっこんで騙《だま》し騙し過ごしました。痛みはつらいし、気持ちは鬱陶しいし、落ち込むし。「テンション下がります」とある人にこぼしたら、「あなたは少々テンションが下がってるくらいがちょうどいい」って。それでようやく今日を迎えております。

樋口　事故後、今日は何日めですか？

上野　2か月半です。

樋口　完治まではまだかかるのかしら。

上野　3か月から半年という診断です。実はわたし、この冬は早々とスキーのシーズン券を予約してたんですよ。それが情けないことにこんなことになってしまって。

樋口　私は16歳上野さんと違いますので15、6年前から転倒適齢期に入っておりまして、とにかく転ばないようにする、転んでもおおごとにならないようにするということに、私など運動神経のまるでないような人ですけれど、それでも体育会系と言いましょうか、そちらのほうに切り替えております。老いも後半に入ると、転ばないことは健康にとても大切です。

上野　樋口さんのほうはいかがでしょう？　ここしばらく樋口さんがお元気なさそうだなって思ってましたら、乳がんの手術をなさったと伺ってびっくり。

樋口　はい。89歳のある日、もうすっかりご用済みだと思っていた左乳房にがんが見つかりました。おかげさまで年ですのでがんそのものに勢いがない。ほっておいても急に悪さをするわけではないけれども、徐々に大きくなっていってることだけは確かで、いくつかの選択肢はございましたけれども、全摘出することになりました。それが、がんで死なない一番の方法だと言われました。

　手術は2022年の4月、ちょうど90歳の誕生日の半月ほど前。病気ばっかりして育ったものですから、90歳までよくぞ生きられたと感謝感激でしたが、がんのこともありましたので「90歳めでたき身にはがんも棲《す》む」という一句を作って、今年の記念とした次第でございます。

ほぼ90歳で全身麻酔手術

上野　90歳になっても外科的な手術ががんの標準的な治療なんですか？
樋口　私も先生に申し上げました。90ですよって。そうしたら先生からは100歳でも手術をする方はいますって。
上野　ほうっておくという選択肢もありましたか？
樋口　人によりけりのようです。90でもがんだけ威勢のいい人もいるかもしれない。私の場合は年齢相応に大人しいので、他の余病で死ぬ可能性も高いと言われました。

がんで死なないためには全摘が一番ですが、特に75歳以上の後期高齢者の方々には、手術しようかどうかで迷ったらお考えいただきたいですね。私もあと2、3年で死ぬんだったら、手術なんてしたくなかった。ですけれど、どうなるかわからないわけですね。そもそも90歳で手術できるかわからない。全身衰弱してますので、心臓がもつか。だから心臓の検査に一番時間をかけていただきました。全身麻酔に心臓がもちこたえるかどうかが大きなチェックポイントのようでした。ずいぶん綿密に慎重に検査をしていただき、麻酔時間が短くなるよう高齢者用に考えられた手術となりました。

上野　このお年で全身麻酔で手術なさるなんておおごとですから、気持ちも落ち込むでしょうし大変な思いをなさったでしょうね。

樋口　自分でも意外でしたが、結構動揺いたしました。皆さまにおかれましても、どんなにご用済みの器官でも体の中に備わっている限りは、その乳房ががんになるうるということですので、どうぞお大切にして時々注意を払ってくださいませ。

上野　予防できるわけではありませんけど。

樋口　命ある限り、自分で触ったり、鏡に映したりして、御身の健康状態の確認は怠らないよう。100になっても乳も身の内でございます。大事にしてください。

高齢者にもICTを

樋口　先日、私が理事長を務めるNPO法人「高齢社会をよくする女性の会」の年末恒例のシンポジウムを開催し、上野先生にご登壇いただきました。上野先生のお話を聞きたいというご要望が多いものですから、コロナ禍でどれくらい集まってくれるか案じておりましたが、北は北海道から南は九州まで、列島の地図の通りに人が集まりました。

上野　樋口さんに出てこいと言われて断ったことは一度もありませんよ。

樋口　そうだっけ?

上野　何をおっしゃいますか。樋口さんに私がノーと言ったことありますか?

樋口　ありがとうございます。今後もよろしくお願いします。

上野　人遣いが荒い樋口さんに使い倒されております(笑)、ノーが言えない上野でございます。

その集会での決定的な変化は、樋口おネエさまは車いすではなかったものの、壇上で椅子に座っておられました。上野も着席のまま講演をしました。これだけの変化がございます。

樋口　立ちっぱなしでやれと言われればできないこともないけれど、っていう、その辺ですね。

上野　そうした変化が確実に起きていますね。それだけでなくコロナ禍のこの3年間でリアルもいいけど、オンラインの強みをたっぷり味わいました。遠くから来てくださるのはうれしいけれど、何もわざわざ会場に出てこなくても、うちで聞いていたらいいじゃないのって気分になります。高齢社会のおネエさまがたはデジタルに苦手意識をお持ちだったと思いますが、それでも樋口さんも「高齢者にもＩＣＴを」とはっきりおっしゃるようになりましたね。それはコロナの経験から出てきたお考えですか。

樋口　そうです。「高齢社会をよくする女性の会」でコロナ禍をどのようにお過ごしですかという非常に漠然としたアンケート調査をとったところ、想像より多く、地域社会の中でデジタルが苦手といわれる年齢の人たちがICT(情報通信技術)を活用していました。たまたまある地域のグループでは全員がスマホを持っていて、もちろんICTの能力がない人もいるわけですけど、地域のサークルであったということも幸いして時々顔を見あって励ましあいながら、ある日全員がスマホでオンラインをやれるようになった。そのときの喜びようといったらなかったたというんです。

上野さんのほうの心境の変化はなぜでございましょう。

上野　わたしたちのウィメンズアクションネットワーク(WAN)は、男女共同参画社会の実現に向けて女性のネットワークの構築とエンパワーメントに寄与する事業を行う認定NPO法人ですが、このコロナで大躍進いたしました。会員は増え、アクセスも伸び、イベントはオンライン化して全国どこからでも参加できるようになり、会場費や交通費などのコストがかからなくなって低コスト体質になり、……よいことだらけです。

テクノロジーはユーザーフレンドリー

樋口　私自身はまわりに有能な助手がいるものですから、ＩＣＴが苦手なままです。

一方で、そもそも私が今頃になって怒っているのが家庭科の男女別習についてです。ご存じない方もいるかもしれませんが、今50歳以上の男性は家庭科を学ばずに中学を卒業しております。そのことの裏返しに、50歳以上の女性は技術を教わらずに卒業しています。１９８９年告示の学習指導要領よりようやく同一の扱いとなりました。

女性たちにＩＣＴに対する苦手意識があるとするなら、教育行政の責任も問わなければならない、そのことを堂々と主張していこうではないかというのが私のスタンスでございます。

上野　いえいえ、樋口さん、30年前の学校の技術の授業ではＩＣＴなぞ教えていませんよ。その頃、ＩＣＴはまだそんなに普及していませんでしたから。ましてやＩＣＴデバイドの上のわたしたちの世代は、みんな独学で学びました。
２００９年にＷＡＮがスタートしたときには忘れもしない、最初の設立総会で、当時70代の方が挙手して「皆さんはＩＣＴの使えない私たちを置き去りにしていくのですか」とおっしゃいました。そのときわたしは「はい、その通りです」と答えました。続けてフォローをいたしました。「ＩＣＴ技術はこれから進化して、ユーザーフレンドリーになりますから、皆さまがた、どうぞ勉強してください」って。

電話が入ってきたときに使えなかった人がいます。電気釜が入ってきたときにも使えなかった人がいるんです。でも今は、電話を使えるのは当たり前、電気釜を使えるのも当たり前となりました。機械の内部のしくみはわからなくても、操作さえできればいい。それだけテクノロジーは進化してきました。

お年寄りの皆さんも今はたいていスマホをお持ちです。ＬＩＮＥを学ぶ一番大きなきっかけは孫とのコミュニケーションだといいます。孫はＬＩＮＥをやっていますので、学ぶ動機になるのですね。だから高齢者の皆さんも、学んでくださいとわたしは言い続けております。テクノロジーの勉強にやめどきはございません。前から樋口さんにも言っていますが、樋口さんはなかなかうんとおっしゃってくださらない。Ｅメールを送っても返事が来ないんですもの。

コミュニケーション手段はたくさんあっていい

樋口　上野さんがおっしゃることに概《おおむ》ね反論はいたしません。要するに、技術の方法はたくさんあったほうがいいということ、それについて私はなんの異論もございません。

最近こんな出来事がありました。長年長電話を楽しむ友人のひとりから連絡がありまして、「樋口さん悪いけど、この頃あなたの電話の声が聞き取りにくくなって、ごめん、これからは手紙を書いてくださいよ、そうしたら私も返事を出しますから」って。

そうか耳が聞こえなくなりゃ、電話をやめて手紙を書けばいいのかって思っていましたところ、翌日くらいに、これもまた別の友人から電話が入りました。大変気遣いをするお方で、忙しい樋口さんの大切な時間を取ってしまうのは悪いからあんまり電話をかけないようにするわって常日頃言うような人なんですけど、その彼女が、「これからは月に二回くらいでいいから朝のあまり忙しくない時間帯に電話をかけていい？」とおっしゃる。何かと思ったら、利き腕の人差し指、中指、薬指が動かなくなっちゃったそうで、どういう病気か説明を聞きましたけど、忘れました。筆忠実《ふでまめ》で有名な方だけど、彼女はもう手紙が書けないんです。それで「たまに電話かけていい？」となった。

つくづく私は、老いというのは一般化共通化しているように見えながら、老いゆく人のひとりひとりの身の上は非常に多様で個性的だと思い至りました。ある人は手紙が書けなくなる。ある人は耳が聞こえなくなる。そういう具合に老いというのはなんと個別性があるのだろう。そうした視点も、老いのコミュニケーションに取りいれないといけない。

結論を申しますと、私も上野千鶴子先生の軍門に降りてパソコンを教わります。

上野　そうおっしゃってくださってありがとうございます。

ICTは弱者のツールだと思います。手紙を書けなくなったらEメールを使えばいい。指先だけで打てますし、耳が遠くなっても字は読めます。それにパソコンは、今、音声出入力が可能です。これまで気丈だった方が月に2回お電話くださいよっておっしゃるなら、オンラインで顔の見える機能を使えばいい。使える道具はどんどん使ったほうがいいと思います。

わたしたちWANの大躍進の話をもう少し続けますとね、コロナ禍の間にほぼすべての事業をオンラインに変えました。総会もイベントもオンラインへ。そうすると、イベントをするにしても会場費がかからない、移動に必要な交通費もかからない。どこにおられても参加していただけますし、ベッドの上からでも、半身麻痺でも参加が可能です。イベントにも、世界中のどこからでも国境を超えてゲストスピーカーをお招きできる。理事会の頻度を増やし、情報交換の密度が増えました。いいことだらけです。たまにリアルでやるとかえって付加価値がつきますよね。

コロナ禍によってICT化がうんと加速しました。コロナ禍がなければ、10年かかったかもしれない変化が数年のうちに一気に進んでよかったというのが今の感想です。

情報弱者をつくらないために

樋口　実績のある上野さんの言葉は一つ一つ説得力があります。そのご経験からお知恵を拝借したい。中高年の女性を対象にしたICT化で気をつけておくことは何かあるでしょうか。

上野　気にかかっているのが、皆さんスマホユーザーだということです。パソコンをお持ちではない。そうすると添付ファイルだとか、情報量の多いものを送ったり、受け取ったりということができません。

実はPCユーザーとスマホユーザーとの間には情報格差が生じています。それが固定化しているということが研究からわかっています。処理できる情報量の桁がパソコンとスマホでは格段に違いますが、それを知らないスマホユーザーは痛痒《つうよう》を感じておられない。場合によっては夫のアカウントを共有で使っている方もいらっしゃる。アカウントが一家に一つだなんて。通信の秘密ってものがあるじゃないですか。

樋口　あります。

上野　ひとり一アカウントは当たり前のことです。基本的なインフラが整備されていないことが、特に女性の場合は不利になります。自分が情報弱者だと、子どもにも影響が及びますし。

ＩＣＴは道具なので、幼い頃から使いこなしてナンボです。使える道具はちゃんと使って、道具に熟達するのが大前提です。それを実感しない親は子どもにＩＣＴを使わせない傾向がある。そうなると次の世代に情報弱者がまた生まれます。結果、日本が世界のＩＣＴ化からどんどん取り残される。こうした悪循環が生じている状況について危惧しています。

樋口　私自身、大転換して、これから遅ればせながらやって参りますので、上野先生、よろしくお願いします。

社会的なやめどきはいつ訪れる？

上野　人生のやめどきについて話を進めていきましょうか。

樋口　私自身のこの数年の間にあったことについてお話ししましょう。

やめどきには、生物としてのやめどきと、社会的なやめどきとがあります。昔は生物としてのやめどきよりずっと早く社会的なやめどきがはっきりとありましたけれど、私は90になった今も「高齢社会をよくする女性の会」の責任者を務めており、そのやめどきを誤ってはいけないと常々考えています。しかし、もう時期を失したかもしれません。やめどきを提案する時期がちょうどコロナ禍とぶつかってしまったために、これは誰の責任でもない私の責任ですけれども、これからの1、2年の間に世代交代を進めなければと思っています。

けれど、なかなか難しいですね。一定の社会的歴史的役割は果たしてきましたので、その実績資料をきちんとまとめたうえで潔く解散というのも一つの選択かもしれません。

上野　樋口さんの中では解散も選択肢にあるとは。それをお聞きして驚きました。

樋口　これから私自身の引退を含め、どうした閉じ方が、あるいは続け方が一番か、検討していかねばなりません。

私は、社会の中枢に「ケア」を据えなければいけない世の趨勢《すうせい》と捉えております。なのに、なんと言いましょうか、そういうものを切り捨てていこうと、そして世代間対立を煽ろうというような動きが進んでおりますことを憂慮しています。

上野　ということは、「高齢社会をよくする女性の会」のやめどきは、樋口さんにとって3年前よりむしろ今のほうが切実になっているということですか。

樋口　まさにそう、より切実に感じております。介護保険の発足時には、全世代型の社会保障はお金がかかることがはっきり見えていました。高齢者世代の負担が今後増えていくことを嫌だと言っているわけではありません。高齢者のなかでも裕福に暮らしてらっしゃる上野さん、そして樋口のような者がもう少しの負担をするのはやぶさかではございません。ただ、今の政府の世代間の対立を煽るかのような動き、及びケアの切り捨てについては断固対抗していかなければなりません。

ワーク・ライフ・ケアの社会を

上野　「介護の社会化」を掲げた介護保険制度は2000年から始まりました。その制度設立の立役者の一人が樋口恵子さんと「高齢社会をよくする女性の会」であることは確かです。今その制度が史上最悪の改定の危機にあります。

社会保障審議会介護保険部会が検討しているとんでもない改悪案では、利用者の自己負担率を原則一割から二割、さらに三割に引き上げる、要介護1、2は介護保険からはずして自治体の総合事業に移行するなどが取沙汰されました。われわれは大きな危機感を抱き、樋口さんの「高齢社会をよくする女性の会」と、ひと世代若いわたしたち「ウィメンズアクションネットワーク」(WAN)、この二つの団体が共催してこの間、改悪反対行動を起こし、声を上げてきました。結果、見直し案の一部を押し戻すことができた。これは本当によかったと思います。このときの抗議行動の記録は、こちら『史上最悪の介護保険改定?!』(上野千鶴子・樋口恵子編/岩波ブックレット/2023年)に載っています。

そもそも3年前に本書の対談をした後にふたりで立ち話をしたところから、介護保険改悪に反対する共闘が始まりましたね。

樋口　そうそう。

上野　今回の改悪反対行動を共にするなかで、樋口さんから「私たちがつくったものを守っていってください」と言われたときにぐっときました。樋口さんからバトンを受け取った気持ちで、守る側の責任をひしひしと感じ、身の引き締まる思いです。

樋口　ありがとうございます。基本的に私は、世の中心にワーク・ライフ・バランスがあることに異論はありません。それはそれでいいのですけど、ケアをプラスして、ワーク・ライフ・ケア・バランス、この三つのバランスがとれた社会がいいと思っております。

だってね、生まれた途端に母親の乳房まで這《は》い寄って乳が含める赤ん坊なんていますか？　絶対いないんです。誰かが抱きとめて乳首を吸わせることによって人類は、もちろんネコ類も犬類もですけど、みんな親なり、誰かがケアをすることで生き延びてきたわけです。そのことを延長して障害を持った人の人権、病み衰えていった人の人権というふうに考えてみますと、社会というものは、少なくとも飢えから解放された社会が守るべきモラルを基本として、私はケアという営みが不可欠と思います。ケアを社会の中枢に位置づけて、それをどう分かちあい、担っていくか。前回の上野樋口対談以降、私が考えている一番大きなことは、ワーク・ライフ・ケア・バランス社会、そのことです。

上野　本当におっしゃる通りです。コロナ禍の功績の一つはケアを見える化したことだと思います。

樋口　その通りです。

上野　全国一斉休校要請では学校へ行かなくなった子どもを誰が面倒みるのかが問われましたし、通所介護がどんどん閉鎖するなかで家に残された年寄りを誰が世話するのかが問題になりました。誰がケアするのか、そのケアはタダじゃない、ということが見える化しました。ワンオペ育児といわれますが、男性にもケアを分担してもらわなくてはなりません。男性育休取得の義務化が２０２２年から始まっていますし、政治にも子育て支援の動きが出てきました。変化は確実に起きています。

ケアは、両親や保護者だけの責任ではなく、社会の責任だということがようやく社会に定着してきましたね。それを介護に関して実現しているのが介護保険です。その介護保険を後退させるわけにはいかない。そのことで樋口さんたちとわたしたちが共闘できたことは本当によかったです。介護業界の人たちも巻き込み、ネットワークを築くこともできました。

樋口　私と上野さんの立ち話から始まったことでしたね。

「こんな介護保険がほしい」オルタナティブの提示を

上野　次の世代であるわたしたちの責任は、今の介護保険を守れというだけでなく、本当はこういう介護保険がほしいというオルタナティブを打ち出していくことだと思っています。ところが介護保険部会のメンバーには要介護高齢者がひとりもいない。当事者のいないところで物事を決めていいのか。それにしても上野はどうして政府の審議会に呼んでもらえないのでしょう。樋口さんはどう思われますか？

樋口　え？　なに？　それは出身母体に問題があるのではないですか。例えば上野さんがいた東京大学の然《しか》るべき研究所の組織が「当大学の上野千鶴子はこの方面についての学識経験が非常に深いため欠員がでたときには政府委員に登用くださりますようにお願いします」って出しておけば、上野さんだって審議委員になったと思いますよ。

上野　組織推薦がなければダメなのね。

樋口　そういうわけでは必ずしもないですけど、組織申請は非常に多いようですよ。上野さんにも大学からの一言添え書きがあれば、と思いますね。

上野　幸か不幸か学内の主流派にはなりませんでしたので。別に審議委員になりたいわけではないのですが、ただの一度もお声がかかったことがないのが不思議で。

樋口　私は政府のためにも任命しなかったことを惜しみます。上野さんを選んでおけば、政府の側もエクスキューズになるんですよ。上野さんがこういう意見を言ってくれたが、多数には至らずこうなった、というほうが審議会としてはやりいいと思います。

上野　それはそうね。その点では、樋口さんは右から左まで、自民党婦人部から労働組合女性部まで、幅広く束ねてこられてきました。すごいことです。

樋口　そんな、とてもとてもです。あちこちからニラまれてますよ。

上野　「高齢社会をよくする女性の会」の全国大会には、主催地の自治体首長が挨拶に来るじゃないですか。

樋口　それは当たり前のことよ。

上野　そんなことはありません。私たちがＷＡＮの大会をどこでやっても、首長が来るなんてことは絶対ありません（笑）。

樋口　ＷＡＮの会だけでやろうと思うのがいけないのよ。そこに自治体のネットワークとかにも加わってもらえば、自治体の首長さんだって挨拶に来ますよ。

上野　来てほしいわけではないのですが、樋口さんは、これまでの市民運動が到底できないことをやってこられた。その手腕に感嘆しております。

樋口　いえいえ、そんなたいしたものではありません。地元の皆さんのお力です。

高齢者の当事者団体を組織したい

上野　わたしの期待は、樋口さんに率先して要介護認定を受けていただくことです。

樋口さんが堂々と要介護者になって、介護保険の利用者として当事者団体をつくれたらいいなと思ってるんです。日本に高齢者の利益団体ってないでしょう。

樋口　ないのよ。繰り返し言っていきたいことですが、日本の高齢者は人口の29％です。三割ですよ。にもかかわらず、発言集団としてなんの力も果たしていない。こんなばかなことがあっていいんでしょうか。

上野　アメリカには全米退職者協会（AARP）という3600万以上もの会員を擁する巨大な団体があります。ここは民主党、共和党、どちらの党も支持しておらず、選挙のたびに実に上手に両方と駆け引きをしながら自分たちの言い分を通すということをやってのけている、強《したた》かな団体です。こうした高齢者の当事者団体が日本にはないんです。

樋口　AARPは、要するに消費者を抑えてしまっているから非常に強い。

上野　日本でも介護保険ができてからその恩恵を受けた人は山ほどいます。利用者が約600万人、その家族が3倍いるとしたら約2000万人、そのユーザーユニオンをつくれないかと思ってるんです。樋口さん一緒にやりませんか？

樋口　やりましょう。あるほうが当たり前と思います。

上野　これまでの高齢者は声なき高齢者だったと思うんです。介護を受けるにしても肩身の狭い思いをして、家族の迷惑にならないようにと。でもこれからは違います。私たち団塊世代の高齢者は黙りませんよ。

〝他人のファインプレイに拍手を〟樋口恵子賞の設立

上野　樋口さん、2022年から樋口恵子賞を始められましたね。この先10年間続けるとおっしゃいました。

樋口　私が70になってないくらいのときにね、赤松良子さん（元労働省／1929年〜）が、退職金を利用して赤松良子賞を始めるとおっしゃったのよ。赤松さんというのは私より3年おネエさんで、男女雇用機会均等法の母といわれる人です。その赤松さんが「足を引っ張りあうのではなくて、互いに励ましあうような、手を取りあっていけるような賞を始めるから、樋口さんあんたも金があるなら出しなさい」って言われた。

それから20年数年が経ちました。私自身は自分が死んでからでいいと思ってましたが、生きてるうちじゃなきゃつまらないって言ってくださる方々がいまして、２０２２年7月、樋口恵子賞を始めたのであります。誰もが暮らしやすい超高齢社会に寄与する個人や団体を表彰してまいります。私がこれまでいただいてきた様々な賞の副賞を原資としてますので、この先10年くらいは続けられそうです。その後を継いでくださる方がいれば、また別の賞が始まればいいなと願っています。

「高齢社会をよくする女性の会」は、１９８３年に日本で初めて女性による老人問題シンポジウムを開催したことをきっかけに発足しました。当時私は50歳。活動資金は生命保険文化センターの浄財に助けられました。私と同じように母親の介護を抱えていた女性たちが意気投合。互いに政治的な支持党派は異なるものの、高齢社会の主役である女性たちが声を上げなければと意識を共にできた。つまり私たちの会も、始まりは市民、特に女性の善意による合意があってこそでした。

他人のファインプレイに、特に女は女同士のファインプレイに拍手することができたらいいなと思って始めた次第でございますので、どうぞお引き立てのほどをよろしくお願いいたします。

上野千鶴子基金の創設

上野　わたしにも本邦初公開の発表がございます。樋口恵子賞ではございませんが、一般財団法人上野千鶴子基金をつくりました。走り回っている間に印税その他でそれなりの収入がありまして、生きている間には使い切れないということがわかりました。遺書も書きましたが、友人たちから、死んだあと使っても意味ないじゃん、生きてる間に使いなはれと言われ、それもそうだと考えました。

これから育つ若い方たちを対象に、活動や研究を助成していく基金を２０２３年度から開始します。わたしがボケない間は続けていくつもりです。本日、本邦初公開の発表でございます。

樋口　上野さん、あなたも人生のはじめどきね。

上野　やめることもあれば、はじめることもあるということですね。

樋口　私に言わせたら、人生のやめどき？　それは別のもののはじめどきでしょうってもんですよ。

上野　そんなこと言ったら、みんなに何を言われると思います？　あの人たち、やめる気なんか全然ないわよって（笑）。

樋口　見果てぬ夢を見るのは高齢者の特権よ。若い人が夢を描いても実現しなかったらこっぱずかしいじゃない。でも高齢者ならいいの。見果てぬ夢を見て、時間切れ時間切れ。どこかで誰かが引き継いでくれます。

おわりに

樋口恵子

ついに私、最近のことですが、無事に平均寿命超えをしました。日本女性の平均寿命が87・45（男性81・41）を記録し、女性は香港に次いで世界二位（男性は三位）。「無事」と申し上げましたが、心臓、肺、膝に古傷を抱え、目は白内障の手術をしたばかり、耳は難聴の度を日々加えつつあります。フレイルというのか非健康寿命というのか知らないけれど、日々老衰の度を加え、廊下を歩くにもいすの背や壁づたいに歩くヨタヘロ老女です。慣れたところならかろうじてひとりで外出できますが、「いつ死んでもおかしくない」年齢に達したことだけは紛れもない事実です。

では、十分に世を去る覚悟ができているか、というとダメですねえ。この本をお読みになればわかりますが、16歳年下の上野千鶴子さんのほうがはるかにいさぎよい。こういうの、性格なんじゃないでしょうか。私は子どもの頃から死ぬのがこわくて、どうしてみんな平気で生きているのか不思議でした。10歳前後の頃たまりかねて二、三人の年長者に質問したことがあります。

「みんな、死ぬのこわくないの？　どうしてみんな死ぬのに子どもを産むの？」

そのうちのひとり、母の答えに、私は言葉を返せませんでした。

「仕方ないでしょ。天皇陛下だって死ぬんだから」

このお方を引きあいに出されたら、一切の疑問も恐怖も歓喜も真っ白に消さなければいけない時代のことでした。

戦後13歳だった私を含めて、日本国民はみんな命の所有主になり、生きることを目指して奮励努力できる時代になりました。戦争中に比べれば、何という生きる手ごたえに満ちた人生でしょう。15年も続いた戦争のおかげで、日本人は死に食傷し、しばしば死を忘れ、生きることばかり見つめてきたような気がします。それが今、大量死時代を迎えながら、日本人は死を見つめ語ることが苦手だ、などといわれる遠因になったのではないでしょうか。

苦手ですよ、やっぱり。楽しいことばかりではなく、生きることは苦しくむずかしいことが実に多いのですが、やっぱりおもしろいですもの。特に私の世代は、戦後40年も動かなかった女性の地位、役割、生き方が社会と共に動き出した時代に間に合いました。人の寿命が長くなったおかげでもあります。今、未来を展望してみても、女性のあり方が歴史的、国際的、社会・経済的、倫理的に見ても、動きの方向は変わらないと思います。変化の多い時代に生まれて、多くの人々と出会い、時代の一翼をささやかながら担えたことは、何というしあわせか。女性たち、男性たちのより生きがいに満ちた人生を心からお祈り申し上げます。

私が先達の遺言から今の自分の心境に近いものを選ぶとすると、やはりこの本でも話した秀吉の「名残惜しく候」でしょうか。私には心にかかる幼な子はいないけれど、皆さんのいらっしゃる浮き世とはお名残り惜しい。仲よくつき合ってくださった皆さんのご寛容と、ご親切に心から感謝し、ご多幸を祈ります。これからのますます血縁親族が少なくなるファミレス（家族減少社会）において、人をつなぐ有効な用具は、寛容と関心と感謝の三Kではないかと思います。

この本をつくってくださってありがとうございました。
上野千鶴子さんありがとうございました。
この本をお読みくださってありがとうございました。

＊

この「おわりに」を書いてから数年が経ちました。このたび新装版の刊行にあたって上野さんと再び対談する機会をいただきましたが、88歳だった私は90を超え、そしてこの間に乳がんになりました。人生があと1、2年のうちに終わるのねって思ったときに、あら、もうおしまい？　って、思いがけないほどさみしさが込み上げ、そしてうろたえました。つくづく私は人生を楽しんでいる図々しい女だったということがわかりました。憂き世というのはおもしろいです。ちょっと気に入らないことがあったりもしますが、にもかかわらずおもしろいんですよ。それがおしまいになっちゃうのかと感慨に耽《ふけ》った数か月。

そのあとにやってきたのが心からの感謝でした。なんとまあ90年もこんなに楽しく生きさせてもらって私はなんて幸せ者だったんだろうって。これは別にいい子ぶるわけでもなんともなくて、皆さんに支えていただいて、支えあって、こんなにおもしろく過ごせてよかったよかったという感謝でございました。

それは死ぬまであってほしいことだと思いますし、いい仲間に会えてよかったなと思います。本当にありがとうございました。全部要素を引き抜いてみると、感謝の念が一番最後に残っているというのは、それは幸せな人生を生きたんだろうと思います。

皆さんどうもありがとうございました。どうぞ続けていってください。継続して主張していくことが力でございます。

上野千鶴子（うえの・ちづこ）
1948年富山県生まれ。京都大学大学院修了、社会学博士。東京大学名誉教授。認定NPO法人ウィメンズアクションネットワーク（WAN）理事長。女性学・ジェンダー研究のパイオニアとして教育と研究に従事。著書に『家父長制と資本制』『おひとりさまの老後』『在宅ひとり死のすすめ』、共著に『おひとりさまの逆襲　「物わかりのよい老人」になんかならない』などがある。

樋口恵子（ひぐち・けいこ）
1932年東京生まれ。東京大学文学部卒業。時事通信社、学研、キヤノン株式会社を経て評論活動に入る。東京家政大学名誉教授。NPO法人「高齢社会をよくする女性の会」理事長。著書に『老〜い、どん！　あなたにも「ヨタヘロ期」がやってくる』『老いの福袋　あっぱれ！ころばぬ先の知恵88』『老いの玉手箱 - 痛快！ 心地よく生きるヒント100』などがある。

マガジンハウス新書 017

最期はひとり

80歳からの人生のやめどき

2023年 7月27日　第1刷発行
2023年10月11日　第2刷発行

著　者　上野千鶴子　樋口恵子

発行者　鉄尾周一
発行所　株式会社マガジンハウス
〒104-8003　東京都中央区銀座3-13-10
書籍編集部　☎03-3545-7030
受注センター　☎049-275-1811

印刷・製本／中央精版印刷株式会社
ブックデザイン／TYPEFACE（CD渡邊民人、D谷関笑子）
構成／冨部志保子（グループラップ）

＊本書は、2020年9月に小社より刊行された単行本『人生のやめどき しがらみを捨ててこれからを楽しむ』を再構成し、新たな対談を追加したものです。

ISBN978-4-8387-7518-7 C0295